本书受北京市教委科学技术与研究生建设项目、
北京市重点建设学科管理科学与工程建设项目资助

创业投资引导基金运作丛书

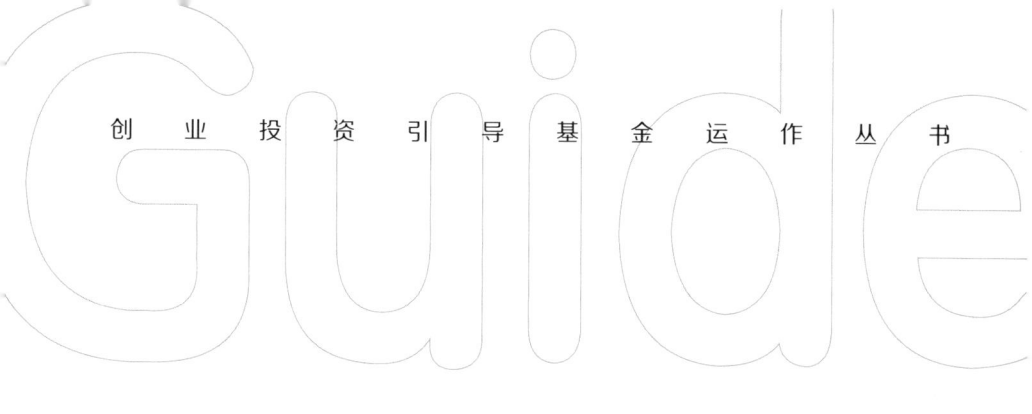

Venture Capital Fund Laws
and Regulations

# 创业投资基金的法律规制

李建良 著

社会科学文献出版社
SOCIAL SCIENCES ACADEMIC PRESS (CHINA)

# 总　序

创业投资引导基金是政府参与创业投资、弥补市场失灵的一个重要工具。鉴于创业型中小企业具有经营不确定性、信息严重不对称、缺少硬资产和历史经营记录等特征，传统金融机构在解决创业型中小企业融资问题上存在"理性歧视"，但是这种"理性歧视"为创业投资的产生创造了条件。在无须进行硬资产抵押，也无须用历史经营记录来说明未来的情况下，创业投资创造了一种"合理预期的高收益和合理控制的高风险"机制。基于这一机制，从理论上来说，创业投资的对象应该是那些处于高成长阶段、具有独特性且管理素质较高的未上市中小企业。这就是说，即便是创业投资，对处于高成长阶段之前的早期创业型小企业的融资需求也无法满足。然而，由于创业型小企业的竞争优势是"在高不确定性领域，靠绝对低成本取得相对高的收益"，成熟大企业的竞争取胜之道则在于"在低不确定性领域，靠高投入取得规模收益"，故早期创业型企业对于一个国家建立创新型经济至关重要。在这种情况下，设立创业投资引导基金，通过风险共担、政府让利等途径引导社会资本投向早期创业型企业便成为各国政府争相仿效的一项重要举措。

　　我国政府设立创业投资引导基金始于20世纪末，最早的政府创业投资引导基金为科技部中小企业创新基金，以及北京、上海等城市的地方政府设立的地方性引导基金。2009年，依据国家发改委、财政部《关于实施新兴产业创投计划、开展产业技术研究与开发资金参股设立创业投资基金试点工作的通知》，由国家发改委和财政部主管的国家新兴产业创投计划正式启动。经过几年的实践，截至2013年底，该计划联合各省、自治区、直辖市以及计划单列市在全国范围内已参股设立了141只新兴产业创业投资基金，资金总规模达到390亿元，吸纳社会资本约250亿元，对引导社会资本投向国家战略性新兴产业领域内的创业型早期企业、扶持创新企业的发展起到了非常重要的作用。

　　作为国家新兴产业创投计划参股基金的顾问和专家评审委员会委员，笔者有幸全程参与了该计划的启动及运作过程，并多次受国家发改委和财政部委托就创业投资引导基金运作的相关方面进行研究，研究内容包括引导模式、联合投资、尽职调查与风险防控、子基金管理评价、监管机制、退出机制、相关法律等。本丛书是对这一系列研究成果的总结，计划出版五本著作，即《创业投资引导基金的引导模式》《创业投资引导基金的联合投资》《创业投资引导基金运作的尽职调查与风险防控》《创业投资引导基金参股子基金的管理评价方法》《创业投资基金的法律规制》。鉴于目前国内尚缺乏对政府创业投资引导基金进行深入研究的系列专著，相信这套丛书的出版不仅有助于创业投资引导基金运作的各参与方更清晰地了解政府创业投资引导基金的运作逻辑和实务操作要领，而且有助于各参与方明晰自己的权利和义务，从而为创业投资引导基金及其参股子基金的有效运作打下必要的知识基础与技能基础。

本丛书的出版直接受益于国家发改委委托笔者所做的各项横向和纵向课题研究以及相关领导对出版著作的理解与支持。在此，特向国家发改委顾大伟先生、徐建平先生、石一女士、霍福鹏先生等领导表示感谢。同时，也要感谢国投高科技投资有限公司和盈富泰克创业投资有限公司的各位领导和朋友，他们是白明辉先生、刘廷儒先生、刘伟先生、刘维平先生、刘彦斌先生、杨建东先生、赵威先生、林深女士、董川先生、孙一鸣女士、钟晓龙先生等。对于他们的支持，我将永远铭记在心。

本丛书也是北京市教委科学技术与研究生建设项目——知识管理及技术经济平台建设项目的成果之一。本丛书的出版得到了北京信息科技大学经济管理学院葛新权院长的热心帮助与指导。作为我的领导和良师，葛院长对我在教学和科研工作之余投身政府与企业咨询顾问工作给予了充分的理解和支持。没有这种理解和支持，这套丛书恐怕无法与读者见面，在此深表感谢。

李建良<br>2015 年 9 月 14 日于北京

# 摘 要

规制是创业投资基金周期循环运作的基础。在现行规制结构中,《公司法》和《合伙企业法》对创业投资基金的影响最为重大和直接。尽管这两部法律分别在"认缴资本制""非货币出资""法人治理结构""表决权分配"和"协商缴资""GP 与 LP 身份转换""非货币分配"等方面所做的规定对规范创业投资基金的运作起到了很大的推动作用,但仍在"出资人数""亏损承担与投资回收资金分配""表决机制""被投资企业破产清算"等规制方面对创业投资基金的运作构成了较大制约。据此,本书向行业主管部门提出两条政策建议:第一,向立法机构提出修法建议;第二,为创业投资基金周期循环运作各环节制定相关指引,促进其规范发展。

# Abstract

Laws and regulations are the foundation of venture capital fund's cyclical operation. The Corporate Law and the Law on Partnership Enterprises affect venture capital fund mostly and directly among current laws and regulations. These two laws constrain venture capital fund by enacting classe of maximum investors, capital refund limitation, loss sharing restriction, voting mechanisms and investee liquidation though they have strongly promoted the normative operation of venture capital fund with standardizing capital contribution installment, non – currency capital contribution, corporate governance, voting rights allocation, negotiable capital contribution, identity converting between GP and LP, and non – currency refund. As a result, we propose two suggestions to the related governmental departments. Firstly, to propose the legislative to revise the laws and regulations. Secondly, to draw up a related guide for venture capital fund's cyclical operation.

# 目录
# Contents

前　言 / 001

第 1 章　研究背景 / 001

  1.1　研究任务 / 001

  1.2　研究思路与方法 / 003

第 2 章　《公司法》对创业投资基金的规制与影响 / 004

  2.1　《公司法》对创业投资基金募集与治理的规制与影响 / 004

  2.2　《公司法》对创业投资基金项目筛选评估的规制与影响 / 016

  2.3　《公司法》对项目交易结构设计的规制与影响 / 017

  2.4　《公司法》对创业投资基金投资后管理的规制与影响 / 031

  2.5　《公司法》对创业投资基金投资退出与回收资金分配的规制与影响 / 034

第 3 章　《合伙企业法》对创业投资基金的规制与影响 / 047

  3.1　《合伙企业法》对有限合伙制基金募集的规制与影响 / 047

  3.2　《合伙企业法》对有限合伙制基金治理的规制与影响 / 049

  3.3　《合伙企业法》对有限合伙制基金回收资金分配的规制与影响 / 054

第 4 章　研究结论与建议 / 058

  4.1　研究结论 / 058

  4.2　相关建议 / 065

## 附 录 / 069

附录 1　甘肃省高级人民法院关于 PE 投资中"对赌协议条款"
　　　　有效性的判决书 / 069

附录 2　中华人民共和国公司法 / 083

附录 3　中华人民共和国合伙企业法 / 139

## 参考文献 / 161

# 目录
# Contents

**Preface** / 001

**Chapter 1　Research Backgrounds** / 001

1.1　Research Tasks / 001

1.2　Research Outline and Methods / 003

**Chapter 2　Corporate Law and Its Influence on Venture Capital Fund** / 004

2.1　Corporate Law's Influence on VC Fund Raising and Governance / 004

2.2　Corporate Law's Influence on VC Project Evaluation / 016

2.3　Corporate Law's Influence on VC Deal Structure / 017

2.4　Corporate Law's Influence on Value – added Services / 031

2.5　Corporate Law's Influence on Investment Exit and Refund / 034

**Chapter 3　Law on Partnership Enterprises and Its Influence on Venture Capital Fund** / 047

3.1　Influence on Fund Raising of Limited Partnership Fund / 047

3.2　Influence on Governance of Limited Partnership Fund / 049

3.3　Influence on Refund of Limited Partnership Fund / 054

## Chapter 4    Conclusions and Suggestions / 058

4.1    Reasearch Conclusions / 058

4.2    Related Suggestions / 065

## Appendix / 069

Appendix 1    The Judgement of Gansu Higher People's Court on the Validity of Valuation Adjustment Clause in PE Investment Contract / 069

Appendix 2    Corporate Law of the People's Republic of China / 083

Appendix 3    Law on Partnership Enterprises of the People's Republic of China / 139

## References /161

# 前　言

　　创业投资作为一种解决中小企业权益性资本缺口问题的特殊资本运营方式需要一定的运作周期。这一周期通常包括创业投资基金募集与治理、项目筛选评估、交易结构设计、投资后管理以及投资退出与回收资金分配等多个环节。创业投资周期循环是创业投资机构得以发展壮大的基本路径，而这一路径能否有效贯通则直接受到相关法律的规制。在这些法律中，《公司法》和《合伙企业法》的重要性尤其突出。因此，有必要就这两部法律对创业投资基金的规制进行研究。

　　本书即为这一研究的成果总结。研究表明，现行《公司法》对创业投资基金的募集与治理、创业投资项目的筛选评估、创业投资项目的交易结构设计、创业投资项目的投资后管理以及投资退出与回收资金分配等都进行了全过程的规制，为公司制创业投资基金的运作提供了相对完备的法律依据。就有利的方面来说，现行《公司法》对我国创业投资基金的影响主要体现在以下七个方面：①《公司法》关于实行出资"认缴登记制"和分期缴资以及对出资不到位的违约责任规定都有利于公司制基金的资本募集；②《公司法》关于股东与公司之间的关联交易表决回避、股东撤资的严格约束以及以公司章程为公司内部最高约束文件的规定有利于规范公司制基金的内部治理，保持公司制基金运营的稳定性；③《公司法》关于股东非货币出资的规定为创业投资基金投资高技术的轻资产公司并进行溢价出资提供了法律依据；④《公司法》关于非货币出资估值的合理公允要求及违法追究为创业投资基金进行合理估值提供了法律保障；⑤《公司法》关于股东权利和公司股东（大）会、董事会、监事会等法人治理结构的明确界定为创业投资基金对被投资企业进行投资后管理和增值服务提供了法律依据与规范途径；⑥《公司法》关于股东要求清算权的界定为创业投资基金在被投资企业严重亏损时通过清算退出止损提供了法律依据；⑦《公司法》关于有限责任公司可以由股东在章程中约定不按持股比例分配的规定为对公司制基金只进行少量参股的基金管理人（GP）获得20%的业绩分红提供了法律依据。

从不利的方面来看，单就对创业投资基金的影响而言，现行《公司法》仍有许多需要改进修订的地方，主要表现在以下几个方面：①在公司制基金的募集方面，《公司法》对有限责任公司和股份有限公司都规定了严格的股东人数限制，虽然这一限制有利于防止非法集资，但与创业投资基金内在的社会化募集要求存在冲突，不利于创业投资基金规模的扩大以及相应组合投资功效的发挥；②在公司制基金的治理方面，《公司法》要求诸如投资决策、利润分配等事项均经过股东（大）会、董事会按一定议事规则表决通过，从而对创业投资基金委托管理模式的投委会最终决策构成了约束，使得投委会最终决策仍需通过股东（大）会、董事会的形式表决，这显然不利于公司制基金投资管理效率的提高，同时《公司法》对公司制基金出资人转让其出资也规定了其他股东的优先受让权和场所限制，这也与创业投资基金作为机构和居民资产配置选择之一所要求的流动性相冲突，不利于引导社会资本进入创业投资行业；③在公司制基金的项目筛选评估方面，《公司法》关于"公司不得投资于使其承担无限连带责任的企业"的规定使得公司制基金无法投资普通合伙企业，公司制母基金也无法充当参股子基金的普通合伙人（GP），从而限制了公司制基金的投资范围；④在投资项目的交易结构设计方面，由于现行《公司法》中"可转换优先股"等可转换金融工具缺位，对有限责任公司和股份有限公司回购自身股份有着非常严格的情形界定，对董事实行选举制，并严格规定了重大事项的董事会或股东（大）会表决机制，同时又清晰界定了"同股同权""同次发行同价""不得损害其他股东和债权人的权益"等原则，从而使创业投资实践中广泛实行的诸如可转换金融工具、回购、对赌（估值调整）、反摊薄、投资方委派董事和对重大决策行使一票否决权等合约自由机制无法得到直接落实，因而不利于创业投资基金合理控制其投资风险，严重阻碍了我国创业投资事业的发展；⑤在项目投资后管理方面，交易结构设计中的合约自由机制因受《公司法》的制约而不能得到落实，使得创业投资基金对被投资企业的运营监控缺乏有效的实施手段，这同样也不利于其风险控制；⑥在投资退出方面，基于《公司法》的规定，被投资企业IPO退出受到发起人数量和复杂流程的限制，创业投资基金所持被投资企业股权的转让又受到其他股东优先受让和交易场所的限制，被投资企业从创业投资基金手中回购其自身股权的情形条件又通常不能满足，从而使得创业投资的灵活退出受到了很大的制约，因而无法顺利实现创业投资基金的周期循环运作；⑦在公司制基金的投资回收资金分配方面，由于《公司法》要求公司只有在弥补亏损和提取法定盈余公积金之后才可以向股东进行收益分配，同时又严格禁止股东中途撤资，故公司制基金投资回收的资金中只能向出资人分配收益的一部分，在创业投资基金存在封闭期且一般不能将回收资金用于再投资的情况下，稀缺资金将留存在基金账户上直至被最终清算，这会大大降低投资资金的使用效率，不利于吸引社会资本进入创业投资领域。

与《公司法》不同，现行《合伙企业法》对创业投资的规制和影响只体现在创业投资周期运作的基金募集与治理以及基金投资回收资金分配这几个环节上。从有利的方面看，现行《合伙企业法》对我国创业投资发展的促进作用主要体现在以下几个方面：①在有限合伙制基金的募集方面，《合伙企业法》明确可以由合伙人协商缴资进度，同时为办理合伙制基金的增减资手续提供了便利，并明确了出资不到位的违约责任，有利于创业投资基金依据项目投资进度来进行资本催缴，从而减缓了基金管理人的闲置资金压力，提高了资金的使用效率；②在有限合伙制基金的治理方面，《合伙企业法》将《合伙协议》视为合伙人之间的最高约定，规定合伙企业可以设立分支机构，明确了有限合伙人对合伙企业的监督权和同业竞争权、对合伙份额的处置权以及 GP 和 LP 的身份转换权，同时规定合伙人可自行约定表决权分配和表决机制以及内部分配机制，从而规范了有限合伙制基金的内部运行机制，为有限合伙制基金的普通合伙人行使投资管理权并获得相应报酬提供了法律依据；③在有限合伙制基金的投资回收资金分配和亏损承担方面，《合伙企业法》规定合伙企业可以进行非货币分配，并约定了合伙企业清算的规程，从而为封闭期满时有限合伙制基金的到期清算提供了明确的规范。

从不利的方面来看，单就对创业投资的影响而言，现行《合伙企业法》同样也存在一些待修订完善之处，主要表现在以下几个方面：①《合伙企业法》中关于合伙企业合伙人限定在 2 人以上、50 人以下的规定与创业投资基金的社会化募集要求不相符，不利于有限合伙制基金扩大规模、发挥组合投资效益；②《合伙企业法》中明确国有独资公司、国有企业、上市公司以及公益性的事业单位、社会团体不得成为普通合伙人，而依据《公司法》第 15 条，公司也不能成为普通合伙人，虽然这一规定背后有着保护国有资产不流失、保护上市公司公众股东和公益事业单位利益的原因，并与有限合伙制基金 GP 承担无限连带责任的最终追索要求逻辑相一致，但与目前国内现实的诚信状况并不相符,因而限制了有限合伙制基金 GP 的选择范围,也对目前创业投资实践中广泛存在的以有限责任公司充当 GP 的有限合伙制基金的规范运作构成了明显的挑战;③《合伙企业法》规定"外国企业或者个人在中国境内设立合伙企业的管理办法由国务院规定",从而使得该法是否适用于外资 LP 或 GP 参与的有限合伙制基金存在界定不清晰之处;④《合伙企业法》中关于"合伙人在合伙企业清算前,不得请求分割合伙企业的财产"的规定限制了有限合伙制基金在到期清算前的本金分配;⑤《合伙企业法》中关于"合伙协议不得约定将全部利润分配给部分合伙人或者由部分合伙人承担全部亏损"的规定限制了 GP 和 LP 约定投资回收资金先向 LP 回本和先由 GP 以其出资承担亏损等相关约定的法律效力;⑥《合伙企业法》中关于"合伙企业不能清偿到期债务的,债权人可以依法向人民法院提出破产清算申请,也可以要求普通合伙人清偿"的规定并未明确合伙人和合伙企业对合伙制基金提出破产申请的权利,从而不利于保护 LP 和债权人的利益。

针对《公司法》和《合伙企业法》对创业投资基金规制的上述不足,本书提出了两条政策建议:第一,从中长期发展我国创业投资事业的角度看,创业投资行业主管部门应针对各制约条款向立法机构提出修订建议;第二,从当前规范我国创业投资活动的角度看,创业投资行业主管部门应以《公司法》和《合伙企业法》各限制性条款为参照,为公司制创业投资基金和有限合伙制创业投资基金的募集与治理、项目筛选评估、交易结构设计、投资后管理以及投资退出与回收资金分配等制定相关指引，促进其规范发展。

本书的篇章结构如下：第 1 章对研究背景做出简要介绍；第 2 章分析《公司法》对创业投资基金的规制与影响；第 3 章探讨《合伙企业法》对创业投资基金的规制与影响；第 4 章是研究结论与建议。为方便读者对照相关条文对本书所做分析进行解读，书中增加了附录《甘肃省高级人民法院关于 PE 投资中"对赌协议条款"有效性的判决书》《中华人民共和国公司法》《中华人民共和国合伙企业法》。由于笔者非法学专业背景出身，书中所提观点和建议如有不当之处，欢迎读者批评指正。

本书是国家发改委 2012 年委托课题"创业投资相关法律研究"的成果。该课题研究得到了国家发改委高技术产业司的大力支持与帮助。在此，特别要感谢国家发改委顾大伟先生、徐建平先生、石一女士、霍福鹏先生和朱亚东先生，他们与笔者就本书研究内容和研究方法所做的交流和讨论，让笔者受益匪浅。

本书也是北京市教委科学技术与研究生建设项目——知识管理及技术经济平台建设项目的成果之一。本书的出版得到了北京信息科技大学经济管理学院葛新权院长的大力支持和鼓励，在此深表感谢。

李建良

2016 年 1 月 15 日于北京

# 第 1 章
# 研究背景

## 1.1 研究任务

创业投资是针对处于成长期、具有独特性和较高管理素质的未上市中小企业进行长期股权投资,以有效资本市场(EMH)的"资本化"机制(Capitalization)为依托,通过"资本注入"(Investment)、"增值服务"(Value-added Services)和"风险控制"(Risk Controlling)三大手段塑造被投资企业"成功历史"(Track Record),最终实现投资退出,在解决被投资企业"权益性资本缺口"问题的同时,以转换形式分享到被投资企业的"行业超额利润""垄断利润",并在此基础上获取"现值收益"和"透支收益"的一种特殊资本运营方式。

创业投资作为一种解决中小企业权益性资本缺口问题的特殊资本运营方式需要一定的运作周期。这一周期通常包括基金募集与治理、项目筛选评估、交易结构设计、投资后管理以及投资退出与回收资金分配等多个环节(见图1-1)。

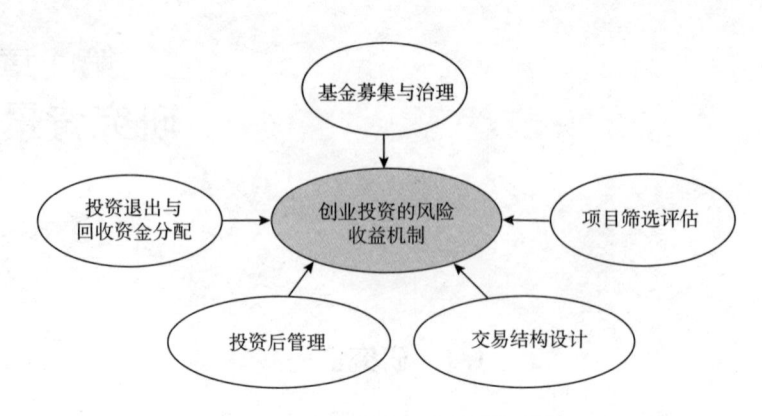

图 1-1 创业投资运作的周期循环

创业投资周期循环是创业投资机构得以发展壮大的基本路径,而这一路径能否有效贯通则直接受到相关法律的规制。在这些法律中,《公司法》和《合伙企业法》的重要性尤其突出。其中,《公司法》的规制最为明显:由于创业投资的退出通常以 IPO 为导向,故被投资企业一般为有限责任公司或股份有限公司,《公司法》的影响贯穿了整个投资及退出的全过程。而《合伙企业法》的影响则与创业投资基金自身的治理结构密切相关:若创业投资基金自身为有限合伙制基金,则其资金募集与投资管理自然也要受到《合伙企业法》的制约。

本书即据此而展开,目的在于通过研究我国现行《公司法》和《合伙企业法》相关条款对创业投资的影响,为创业投资全过程的规范运作厘清边界,以更好地确立参与各方的权利义务关系。同时,针对现行《公司法》和《合伙企业法》中对创业投资实践构成不合理影响的相关条款提出必要的政策建议。

## 1.2 研究思路与方法

本书的总体思路是以创业投资周期循环各环节为横轴，以现行《公司法》和《合伙企业法》各条款为纵横，在交点上来分析《公司法》和《合伙企业法》相关条款对创业投资实践的规制和影响，继而探讨完善与改进《公司法》和《合伙企业法》相关条款以促进我国创业投资业健康发展的政策建议（见图1-2）。

|  | 基金募集与治理 | 项目筛选评估 | 交易结构设计 | 投资后管理 | 投资退出与回收资金分配 |
|---|---|---|---|---|---|
| 《公司法》的规制条款及其影响 | ○ | ○ | ○ | ○ | ○ |
| 《合伙企业法》的规制条款及其影响 | ○ | ○ | ○ | ○ | ○ |

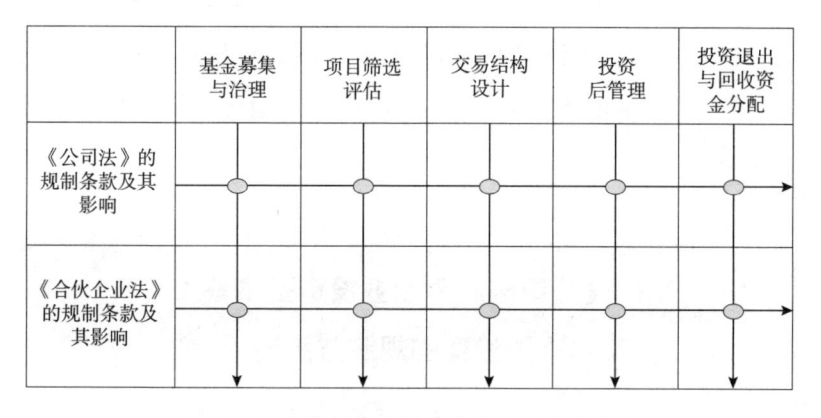

图1-2 创业投资相关法律研究的总体思路

本书采用文献研究和案例分析相结合的方法。文献研究以专业法学和金融学学术期刊文献为主；案例分析则以我国现行司法实践中涉及创业投资的若干实际判例为主要参照。为确保相关资料的可信度，本书所用文献和案例均来源于严肃的学术著作、讨论报告、核心期刊和专业网站，并将注明其出处，从而为研究结论的严谨性和实用性打下了方法论基础。

# 第 2 章
# 《公司法》对创业投资基金的规制与影响

现行《公司法》于 2005 年 10 月 27 日经第十届全国人民代表大会常务委员会第十八次会议修订，并于 2006 年 1 月 1 日起正式实施①。与之前的《公司法》相比，现行《公司法》对创业投资基金的全过程周期循环运作有了相对明晰的规制（见表 2 - 1）。

## 2.1 《公司法》对创业投资基金募集与治理的规制与影响

《公司法》对创业投资基金募集与治理的规制条款包括基金募集的出资人数、注册资本与出资缴付及违约责任、增减资的法定程序、出资转让要求、出资人的权利义务关系等。其中，对有限责任性质创业投资基金和股份有限性

---

① 在本书成稿之后的 2014 年，十二届全国人大常委会第六次会议审议并通过了《公司法修正案（草案）》，修改了现行《公司法》的 12 个条款，自 2014 年 3 月 1 日起施行。

质创业投资基金的要求又各有不同。

表 2-1 《公司法》对创业投资周期循环的规制条款

| 基金募集与治理 | 项目筛选评估 | 交易结构设计 | 投资后管理 | 投资退出与回收资金分配 |
| --- | --- | --- | --- | --- |
| 第7条、第16条、第21条、第24条、第26条、第28条、第38条、第43条、第47条、第49条、第70条、第72条、第76条、第79条、第81条、第84条、第94条、第139条、第142条、第149条、第182条、第183~191条、第199条、第200条 | 第15条、第27条 | 第11条、第20条、第31~32条、第36条、第43条、第49条、第75条、第94条、第104条、第106~107条、第112~113条、第127条、第132条、第143条、第162条、第187条、第201条 | 第4条、第21条、第37条、第43条、第47条、第49条、第52条、第55条、第104条、第106条、第112条 | 第35条、第36条、第38条、第72条、第75条、第79条、第85~96条、第101条、第127条、第139条、第142~143条、第167条、第183~191条、第201条 |

### 2.1.1 对公司制基金募集的规制与影响

《公司法》第24条明确规定："有限责任公司由五十个以下股东出资设立。"也就是说，对于注册为有限责任公司的创业投资基金，其出资人最多为50个，超过此限即为违法，将被视为非法集资。显然，《公司法》的这一规定限制了有限责任创业投资基金的社会化募集。理论上，这一限制严重削弱了创业投资基金作为机构和居民的一项资产配置选择的功能诉求，不利于社会闲散资本的优化配置，也压制了闲散资本拥有者的投资需求，降低了其福利水平。

对于股份有限公司性质的创业投资基金，《公司法》第

79条规定:"设立股份有限公司,应当有二人以上二百人以下为发起人,其中须有半数以上的发起人在中国境内有住所。"第84条又规定:"以发起设立方式设立股份有限公司的,发起人应当书面认足公司章程规定其认购的股份;一次缴纳的,应即缴纳全部出资;分期缴纳的,应即缴纳首期出资。"① 由此看出,单就出资人数限制而言,与有限责任公司基金相比,发起设立的股份有限公司性质基金的社会化募集程度要高很多,从而有利于社会闲散资本的优化配置②。

除了对出资人数进行限制外,《公司法》第26条和第28条还对有限责任基金的注册资本、出资认缴、缴付进度、出资不到位的违约责任以及工商登记做出了明确要求。其中,第26条规定:"有限责任公司的注册资本为在公司登记机关登记的全体股东认缴的出资额。公司全体股东的首次出资额不得低于注册资本的百分之二十,也不得低于法定的注册资本最低限额,其余部分由股东自公司成立之日起两年内缴足;其中,投资公司可以在五年内缴足。有限责任公司注册资本的最低限额为人民币三万元。法律、行

---

① 本书成稿之后,2014年《公司法修正案》将第84条改为第83条,并将第一款修改为:"以发起设立方式设立股份有限公司的,发起人应当书面认足公司章程规定其认购的股份,并按照公司章程规定缴纳出资。以非货币财产出资的,应当依法办理其财产权的转移手续。"

② 公募创业投资基金尚无法实现。

政法规对有限责任公司注册资本的最低限额有较高规定的，从其规定。"第 28 条规定："股东不按照前款规定缴纳出资的，除应当向公司足额缴纳外，还应当向已按期足额缴纳出资的股东承担违约责任。"从这两条规定来看，创业投资基金如果注册为有限责任性质的投资公司，则可以达到创业投资基金对分期缴付出资的要求，与创业投资基金一般 3~5 年的投资期和一定比例首期出资要求相匹配。同时，对于未按期缴付出资的出资人，也明确了其补缴出资和承担违约责任的义务。此外，关于最低出资额，"法律、行政法规对有限责任公司注册资本的最低限额有较高规定的，从其规定"这一规定也为国务院、国家发改委等部门通过制定行政法规和部门规章（如《创业投资管理办法》）来提高创业投资基金的注册资本门槛提供了依据。但与此同时，《公司法》第 7 条明确规定："公司营业执照应当载明公司的名称、住所、注册资本、实收资本、经营范围、法定代表人姓名等事项。公司营业执照记载的事项发生变更的，公司应当依法办理变更登记，由公司登记机关换发营业执照。"这就是说，在分期缴资的情况下，公司每缴付一次出资，其实收资本就发生了变化，相应地就应做一次工商变更登记，手续相对比较烦琐[①]。

---

[①] 本书成稿之后，2014 年《公司法修正案》对第 7 条和第 26 条做了重大修改，将公司注册资本实缴登记制改为认缴登记制。规定除法律、行政法规以及国务院决定对公司注册资本实缴有另行规定的以外，取消了关于公司股东（发起人）应自公司成立之（转下页注）

对于股份有限公司性质的基金,《公司法》第 81 条规定:"股份有限公司采取发起设立方式设立的,注册资本为在公司登记机关登记的全体发起人认购的股本总额。公司全体发起人的首次出资额不得低于注册资本的百分之二十,其余部分由发起人自公司成立之日起两年内缴足;其中,投资公司可以在五年内缴足。在缴足前,不得向他人募集股份。股份有限公司采取募集方式设立的,注册资本为在公司登记机关登记的实收股本总额。股份有限公司注册资本的最低限额为人民币五百万元。法律、行政法规对股份有限公司注册资本的最低限额有较高规定的,从其规定。"第 84 条又规定:"发起人不依照前款规定缴纳出资的,应当按照发起人协议承担违约责任。"可见,除了注册资本要求不同外,股份有限公司性质的基金在出资认缴、缴付进度及出资不到位的违约责任等方面的规定与有限责任公司性质的基金的规定基本相同,从总体上也适应了创业投资

---

(接上页注①)日起两年内缴足出资,投资公司在五年内缴足出资的规定;取消了一人有限责任公司股东应一次足额缴纳出资的规定。转而采取公司股东(发起人)自主约定认缴出资额、出资方式、出资期限等,并记载于公司章程的方式。此外,《公司法修正案》还放宽了公司注册资本登记条件。规定除对公司注册资本最低限额有另行规定的以外,取消了有限责任公司、一人有限责任公司、股份有限公司最低注册资本分别应达 3 万元、10 万元、500 万元的限制;不再限制公司设立时股东(发起人)的首次出资比例以及货币出资比例。同时,也简化了公司登记事项和登记文件。规定有限责任公司股东认缴出资额、公司实收资本不再作为登记事项。公司登记时,不需要提交验资报告。此次修改,实为重大进步。

实践对基金分期缴资的内在要求①。

对于公司制基金出资不到位的责任追究，《公司法》还明确了除违约责任外的相关处罚措施。《公司法》第199条指出："违反本法规定，虚报注册资本、提交虚假材料或者采取其他欺诈手段隐瞒重要事实取得公司登记的，由公司登记机关责令改正，对虚报注册资本的公司，处以虚报注册资本金额百分之五以上百分之十五以下的罚款；对提交虚假材料或者采取其他欺诈手段隐瞒重要事实的公司，处以五万元以上五十万元以下的罚款；情节严重的，撤销公司登记或者吊销营业执照。"第200条又规定："公司的发起人、股东虚假出资，未交付或者未按期交付作为出资的货币或者非货币财产的，由公司登记机关责令改正，处以虚假出资金额百分之五以上百分之十五以下的罚款。"这就是说，在公司制基金的募集过程中，如果存在部分出资人认缴出资缴付不到位的现象，基金必须通过减资或转让其

---

① 本书成稿之后，2014年《公司法修正案》对第81条和第84条均做了修改，将第81条改为第80条，并将第一款修改为："股份有限公司采取发起设立方式设立的，注册资本为在公司登记机关登记的全体发起人认购的股本总额。在发起人认购的股份缴足前，不得向他人募集股份。"第三款修改为："法律、行政法规以及国务院决定对股份有限公司注册资本实缴、注册资本最低限额另有规定的，从其规定。"同时，将第84条改为第83条，并将第一款修改为："以发起设立方式设立股份有限公司的，发起人应当书面认足公司章程规定其认购的股份，并按照公司章程规定缴纳出资。以非货币财产出资的，应当依法办理其财产权的转移手续。"从而取消了最低出资要求和出资期限要求的规定。

出资来补足。同时，基金募集后也不应通过回投或股东借款方式让部分出资人回抽出资。否则，就会违反《公司法》的相关规定。对此，《公司法》还专门针对股份有限公司做了明确规定。其中，第92条指出："发起人、认股人缴纳股款或者交付抵作股款的出资后，除未按期募足股份、发起人未按期召开创立大会或者创立大会决议不设立公司的情形外，不得抽回其股本。"第94条又指出："股份有限公司成立后，发起人未按照公司章程的规定缴足出资的，应当补缴；其他发起人承担连带责任。"

### 2.1.2 对公司制基金治理的规制与影响

《公司法》关于公司制基金的治理要求包括出资人的股权转让，基金股东会、董事会、监事会等法人治理结构的组成、权限及其表决机制，董监事任职资格，基金与出资人之间的关联交易等。显然，这些规定对于公司制基金委托管理模式下的投资决策委员会（以下简称投委会）决策的有效性、基金出资人的权利与义务等都构成了影响。

《公司法》第16条规定："公司向其他企业投资或者为他人提供担保，依照公司章程的规定，由董事会或者股东会、股东大会决议；公司章程对投资或者担保的总额及单项投资或者担保的数额有限额规定的，不得超过规定的限额。"这一规定对目前创业投资基金普遍实行委托管理模式下的投委会决策的做法提出了要求，即为确保投委会决策的合法有效性，在投资实施之前，投委会的每一项决策都应经过公司董事会或股东会、股东大会的形式审议并形成决议。同时，基金和基金管理人之间关于单笔投资和累计投资的限额要求也应纳入基金公司的章程并予以遵守，从而保证基于《委托管理协议》约定的基金管理人行为的合法有效性。

关于基金出资人、基金管理人与基金的关联交易，《公司法》第21条规定："公司的控股股东、实际控制人、董事、监事、高级管理人员不得利用其关联关系损害公司利益。违反前款规定，给公司造成损失的，应当承担赔偿责任。"这一规定为防止基金出资人通过基金回投来进行利益输送以及基金管理人通过关联项目投资套利提供了明确的法律依据。

关于有限责任性质基金的治理结构，《公司法》第38条规定："股东会行使下列职权：（一）决定公司的经营方针和投资计划；（二）选举和更换非由职工代表担任的董事、监事，决定有关董事、监事的报酬事项；（三）审议批准董事会的报告；（四）审议批准监事会或者监事的报告；（五）审议批准公司的年度财务预算方案、决算方案；（六）审议批准公司的利润分配方案和弥补亏损方案；（七）对公司增加或者减少注册资本作出决议；（八）对发行公司债券作出决议；（九）对公司合并、分立、解散、清算或者变更公司形式作出决议；（十）修改公司章程；（十一）公司章程规定的其他职权。"第43条规定："股东会会议由股东按照出资比例行使表决权；但是，公司章程另有规定的除外。"第47

条规定:"董事会对股东会负责,行使下列职权:(一)召集股东会会议,并向股东会报告工作;(二)执行股东会的决议;(三)决定公司的经营计划和投资方案;(四)制订公司的年度财务预算方案、决算方案;(五)制订公司的利润分配方案和弥补亏损方案;(六)制订公司增加或者减少注册资本以及发行公司债券的方案;(七)制订公司合并、分立、解散或者变更公司形式的方案;(八)决定公司内部管理机构的设置;(九)决定聘任或者解聘公司经理及其报酬事项,并根据经理的提名决定聘任或者解聘公司副经理、财务负责人及其报酬事项;(十)制定公司的基本管理制度;(十一)公司章程规定的其他职权。"第49条又规定:"董事会决议的表决,实行一人一票。"依据这些规定,我们须知:第一,公司制基金委托管理模式下,基金与基金管理人签署《委托管理协议》,基金预算及拨付给基金管理人管理费,基金投委会对投资和利润分配的决策等都需要经过基金自身的董事会和股东会表决通过(即便是形式通过),否则无效;第二,有限责任性质的基金可以为不同出资人设定不同的表决权限,而不一定按出资比例进行表决,但必须在基金章程中给予明确;第三,基金董事会是一人一票,不能为不同董事设定不同的表决权限。据此,在创业投资实践中,有些基金实行投委会和基金董事会分级决策,并在基金董事会中为控股出资人或基金管理人委派的董事设定投资决策的一票否决权就属于无效约定,与《公司法》的规定不相符合。同时,还需注意的是,《公司法》

第 70 条规定："国有独资公司的董事长、副董事长、董事、高级管理人员，未经国有资产监督管理机构同意，不得在其他有限责任公司、股份有限公司或者其他经济组织兼职。"也就是说，如果基金董事会中有国有独资性质出资人的代表，对于其委派的由其高管兼任的董事，还须获得其上一级国资委的正式批准，否则也无效。

关于有限责任公司制基金出资人的股权转让和继承，《公司法》第 72 条规定："有限责任公司的股东之间可以相互转让其全部或者部分股权。股东向股东以外的人转让股权，应当经其他股东过半数同意。股东应就其股权转让事项书面通知其他股东征求同意，其他股东自接到书面通知之日起满三十日未答复的，视为同意转让。其他股东半数以上不同意转让的，不同意的股东应当购买该转让的股权；不购买的，视为同意转让。经股东同意转让的股权，在同等条件下，其他股东有优先购买权。两个以上股东主张行使优先购买权的，协商确定各自的购买比例；协商不成的，按照转让时各自的出资比例行使优先购买权。公司章程对股权转让另有规定的，从其规定。"这就是说，原则上，对于有限责任公司制基金的出资人转让其出资，即使其他出资人过半数同意，也需要经过法定表决程序。此外，同等条件下，其他出资人对于转让的出资有优先购买权。但是，基金出资人也可以在基金章程中约定不采纳《公司法》规定的这一原则要求，而对不同出资人的出资转让做出不同的限制性规定。例如，对于基金管理人的出资，可在章程中约定不得转让，而对于其他出资人的出资，可在章程中约定按《公司法》的原则要求进行转让。这就为有限责任公司制基金构建对基金管理人的约束机制提供了可供灵活运用的手段。此外，依据《公司法》第76条"自然人股东死亡后，其合法继承人可以继承股东资格；但是，公司章程另有规定的除外"的规定，如果基金管理人为自然人，考虑到基金管理对人力资本的特殊要求，也可据此在基金章程中规定，作为基金管理人的自然人股东的出资不能继承，只能转让。

除基金出资人的股权转让和继承外，《公司法》对有限责任公司性质基金的出资人要求公司回购其股权的情形也做了明确规定。《公司法》第75条明确规定："有下列情形之一的，对股东会该项决议投反对票的股东可以请求公司按照合理的价格收购其股权：（一）公司连续五年不向股东分配利润，而公司该五年连续盈利，并且符合本法规定的分配利润条件的；（二）公司合并、分立、转让主要财产的；（三）公司章程规定的营业期限届满或者章程规定的其他解散事由出现，股东会会议通过决议修改章程使公司存续的。自股东会会议决议通过之日起六十日内，股东与公司不能达成股权收购协议的，股东可以自股东会会议决议通过之日起九十日内向人民法院提起诉讼。"具体到有限责任公司制基金，这一规定对以下三种情况构成了规制：第一，如果基金连续五年有盈利，就必须向基金出资人分红，否则基金出资人可要求撤资；第二，由于投资项目组合是基金的主要财产，如果有出资人对某一组合项目的退出持不同意见，基金投委会的退出决策有可能在股东会的形式表决中出现部分出资人反对并要求撤资的情形，这时，基金需满足这些出资人的撤资要求，这为国家创业投资引导基金在类似情况下从参股基金撤资提供了合法依据；第三，在基金存续期满时，不同意存续的出资人可以撤资，这为国家创业投资引导基金或其他出资人在参股基金存续期满时终止参股提供了法律依据。

对于股份有限公司性质基金的股份转让，《公司法》第139条明确规定："股东转让其股份，应当在依法设立的证券交易场所进行或者按照国务院规定的其他方式进行。"第142条又指出："发起人持有的本公司股份，自公司成立之日起一年内不得转让。"这就对股份有限公司性质基金的治理产生了两点影响：第一，基金出资的转让受交易场所的限制，尤其是涉及国有出资的转让时，须到产权交易所挂牌，程序比较复杂；第二，如果发起设立股份有限公司性质的基金，那么出资人认缴的出资在基金成立的一年内不得转让。这两点，在基金募集和设立时，基金出资人就应当知晓。

除基金治理、出资转让、关联交易等规定外，《公司法》第181条至第191条的相关规定也适应于公司制基金。《公司法》第181条规定："公司因下列原因解散：（一）公司章程规定的营业期限届满或者公司章程规定的其他解散事由出现……"第182条又明确规定："公司有本法第一百八十一条第（一）项情形的，可以通过修改公司章程而存续。"可见，这一规定为公司制基金延长存续期提供了依据，从而使其不受存续期的限制。而《公司法》第 183 条至第 191 条则明确了公司解散和清算的情形。其中第 183 条规定："公司经营管理发生严重困难，继续存续会使股东利益受到重大损失，通过其他途径不能解决的，持有公司全部股东表决权百分之十以上的股东，可以请求人民法院解散公司。"具体到公司制基金，如果基金亏损严重，基金出资人对基金管理人失去信心又不能撤换管理人，按照这一规定，持有基金全部表决权百分之十以上的出资人，就可以请求人民法院解散基金公司，基金运作有可能提前终止。

## 2.2 《公司法》对创业投资基金项目筛选评估的规制与影响

鉴于项目筛选评估的商业性，《公司法》对创业投资基金项目筛选评估的具体规制较少。其中，关联条款有两条。

首先，《公司法》对公司制基金的投资对象做了一定的限制。《公司法》第 15 条规定："公司可以向其他企业投资；但是，除法律另有规定外，不得成为对所投资企业的债务承担连带责任的出资人。"依据这一规定，在拟投资项目的选择上，公司制基金不能投资于普通合伙企业等需要基金对企业债务承担连带责任的企业。其中，合伙制的会计师事务所、律师事务所等类似专业服务机构应当包含在内，从而不能成为公司制基金的投资对象。同样，公司制基金如为母基金，也只能充当有限合伙制基金的有限合伙人而不能担当普通合伙人。

其次，《公司法》为创业投资基金[①]投资于轻资产公司提供了法律依据。《公司法》第27条规定："股东可以用货币出资，也可以用实物、知识产权、土地使用权等可以用货币估价并可以依法转让的非货币财产作价出资；但是，法律、行政法规规定不得作为出资的财产除外。对作为出资的非货币财产应当评估作价，核实财产，不得高估或者低估作价。法律、行政法规对评估作价有规定的，从其规定。全体股东的货币出资金额不得低于有限责任公司注册资本的百分之三十。"这一规定为创业投资基金投资于技术、品牌等轻资产公司并溢价出资提供了法律依据[②]。

## 2.3 《公司法》对项目交易结构设计的规制与影响

项目交易结构设计包括"可转换投资工具与回购条款""交易定价与对赌条款""反摊薄条款""投资方委派董事和一票否决条款"等合同条款的设计。国外同行的实践表明，

---

① 创业投资基金不仅仅是公司制基金，还包括其他组织形式的基金。
② 本书成稿之后，2014年《公司法修正案》删除了第27条第三款关于"全体股东的货币出资金额不得低于有限责任公司注册资本的百分之三十"的规定，从而进一步放松了对创业投资基金投资于轻资产公司的管制。

这些条款的使用对于解决创业投资交易的信息不充分和投融资双方的信息不对称问题起到了积极作用,从而有利于创业投资机构合理控制其投资风险。然而,在我国境内,上述条款在执行过程中的有效性受到现行《公司法》的制约。2011年9月,甘肃省高级人民法院对苏州工业园区海富投资有限公司(以下简称海富投资)与甘肃世恒有色资源再利用有限公司(以下简称世恒公司)签署的"对赌协议条款"做出的无效判决(详见附录1)表明,这种制约并非只停留在缺乏明文许可上,而是得到了我国司法实践的佐证。因此,有必要就现行《公司法》对创业投资合同各主要条款有效性的制约做出系统梳理,并分析、探讨解决的途径。

### 2.3.1 对可转换投资工具与回购条款的规制与影响

可转换投资工具包括可转换优先股、可转换债等。我国现行《公司法》并没有对可转换投资工具做出明确规定[①]。虽然《公司法》第132条规定:"国务院可以对公司发行本法规定以外的其他种类的股份,另行作出规定。"而国务院亦于2005年据此在其批准发布的《创业投资企业管理暂行办法》第15条中规定创业投资企业可以以优先股、

---

① 《公司法》第162条规定:"上市公司经股东大会决议可以发行可转换为股票的公司债券,并在公司债券募集办法中规定具体的转换办法。上市公司发行可转换为股票的公司债券,应当报国务院证券监督管理机构核准。"而对于非上市公司则无相关规定。

## 第2章 《公司法》对创业投资基金的规制与影响

可转换优先股等准股权方式对未上市企业进行投资,但该办法只适用于在我国境内注册的创业投资企业,而且规定得比较原则,缺乏可操作性。

受《公司法》的制约,在国内创业投资实践中,可转换投资工具在创业投资合同中的表述通常有两种:一种是直接表述;另一种是间接表述。直接表述在外资创投合同中使用较为普遍,通常使用"Series A Preferred Shares"(A系列优先股)这样的术语,但这种表述一般会同时约定以英语为合同语言,并由境外法律管辖,同时采用离岸运作的模式,从而避开了我国境内《公司法》的约束。间接表述则通常不使用"可转换优先股"或"可转换债"这样的字眼,而是将普通股增资投入与股份回购条款相结合,从而达到在融资方经营情况不利时实现投资方"股转债"的目的。显然,间接表述也考虑到了现行《公司法》对使用可转换投资工具的制约。

但以"普通股"加"回购条款"实现"股转债"仍然存在两个问题。一是《公司法》第75条和第143条对回购有明确限制。《公司法》第75条规定:"有下列情形之一的,对股东会该项决议投反对票的股东可以请求公司按照合理的价格收购其股权:(一)公司连续五年不向股东分配利润,而公司该五年连续盈利,并且符合本法规定的分配利润条件的;(二)公司合并、分立、转让主要财产的;(三)公司章程规定的营业期限届满或者章程规定的其他解散事由出现,股东会会议通过决议修改章程使公司存续的。

自股东会会议决议通过之日起六十日内，股东与公司不能达成股权收购协议的，股东可以自股东会会议决议通过之日起九十日内向人民法院提起诉讼。"第143条则规定："公司不得收购本公司股份。但是，有下列情形之一的除外：（一）减少公司注册资本；（二）与持有本公司股份的其他公司合并；（三）将股份奖励给本公司职工；（四）股东因对股东大会作出的公司合并、分立决议持异议，要求公司收购其股份的。公司因前款第（一）项至第（三）项的原因收购本公司股份的，应当经股东大会决议。公司依照前款规定收购本公司股份后，属于第（一）项情形的，应当自收购之日起十日内注销；属于第（二）项、第（四）项情形的，应当在六个月内转让或者注销。公司依照第一款第（三）项规定收购的本公司股份，不得超过本公司已发行股份总额的百分之五；用于收购的资金应当从公司的税后利润中支出；所收购的股份应当在一年内转让给职工。"由此分析，在不符合《公司法》上述两条所规定的回购条件的情况下，创业投资基金作为投资方拿回投资款项就有抽逃出资的嫌疑。二是从甘肃省高级人民法院的判例来看，回购条款与后面我们将要分析到的对赌条款性质类似，也会被认定违背了投资风险共担的原则，属无效约定，这样投融资双方都有过错，故投资方全部投资款中已计入实收资本（股本）的部分需与融资方共担风险，无法回收。而计入资本公积的溢价出资部分只能被视为借款，能回收的只有本金及同期定期存款利息，投资合同中通常约定的复合回报率也就无法实现。

由此看来，通过"普通股"加"回购条款"这样的间接表述方式来变相使用可转换投资工具的方法也不可取，必须另辟蹊径。鉴于可转换投资工具的本质是在普通股的基础上附加了一个转换性收益期权，从而使得投资方在被投资企业经营恶化时可以获得优先于普通股的财产清偿权和一定水平的保底收益权，将上述间接表述中的"回购条款"改为"原股东收购条款"应可解决问题，其实质是在普通股基础上附加一个"卖出期权"，将股东与公司之间的交易变成股东与股东之间的交易，从而避开了《公司法》的制约。但在实践中，还有一点需要引起注意，那就是必须约定原股东收购资金的合法来源。如果原股东收购所用资金来源于被投资企业，甚至是直接从被投资企业账户汇入投资方账户，则同样会被视为投资方抽逃了出资。而《公司法》第36条明确规定："公司成立后，股东不得抽逃出资。"第201条又规定："公司的发起人、股东在公司成立后，抽逃其出资的，由公司登记机关责令改正，处以所抽逃出资金额百分之五以上百分之十五以下的罚款。"据此，收购资金来源不当就可能使投资方承担法律责任甚至刑事责任的风险。因此，投资方向原股东行使"卖出期权"时，务必确保付款账户户名与原股东身份的一致性。

### 2.3.2 对交易定价与对赌条款的规制与影响

交易定价既要合理，又要公平。就合理性而言，《公法》做出了明确要求。《公司法》第 31 条规定："有限责任公司成立后，发现作为设立公司出资的非货币财产的实际价额显著低于公司章程所定价额的，应当由交付该出资的股东补足其差额；公司设立时的其他股东承担连带责任。"《公司法》第 94 条又规定："股份有限公司成立后，发起人未按照公司章程的规定缴足出资的，应当补缴；其他发起人承担连带责任。股份有限公司成立后，发现作为设立公司出资的非货币财产的实际价额显著低于公司章程所定价额的，应当由交付该出资的发起人补足其差额；其他发起人承担连带责任。"按此要求，创业投资基金作为投资方在对被投资项目进行交易定价时，对被投资方非货币资产的作价也须实事求是，保证合理公允。否则，除投资方已付出的高投资对价外，还须另外对对方的出资不实承担补足的连带责任，从而进一步推高其投资对价，使交易变得不可行。

从公平性来看，对赌是一个很有效的解决机制。对赌条款是对估值调整机制（Valuation Adjustment Mechanism）的一种通俗称谓，是在投融资双方信息不对称的情况下对创业投资项目进行合理估值的一个重要机制。在我国创业投资实践中，对赌条款在创业投资合同中一般表述为：融资方第 A 年的净利润应不低于 X 万元人民币。如果融资方第 A 年的实际净利润达不到 X 万元人民币，则投资方有权要求融资方予以现金补偿，补偿金额 = 本次投资额 − 实际净利润 × 原估值市盈率 × 投资方持股比例。

## 第2章 《公司法》对创业投资基金的规制与影响

关于对赌条款有效与否,目前我国尚无成文法规定。但从目前的司法和行政管理实践来看,对赌条款的有效性仍然受到《公司法》的制约,主要体现在以下三个方面。

一是与《公司法》中"同股同权、股东风险共担"的精神不相符。《公司法》第 20 条规定:"公司股东应当遵守法律、行政法规和公司章程,依法行使股东权利,不得滥用股东权利损害公司或者其他股东的利益;不得滥用公司法人独立地位和股东有限责任损害公司债权人的利益。"《公司法》第 127 条又明确规定:"股份的发行,实行公平、公正的原则,同种类的每一股份应当具有同等权利。"正因如此,甘肃省高级人民法院才参照《最高人民法院关于审理联营合同纠纷案件若干问题的解答》第四条第二项关于"企业法人、事业法人作为联营一方向联营体投资,但不参加共同经营,也不承担联营的风险责任,不论盈亏均按期收回本息,或者按期收取固定利润的,是名为联营,实为借贷,违反了有关金融法规,应当确认合同无效"之规定,将海富投资与世恒公司签署的对赌条款判为无效,只判定世恒公司按本金加同期定期存款利息向富通投资返还溢价出资部分,而对双方约定的现金补偿条款不予支持。

二是与《公司法》中"股东不得侵犯债权人利益"的原则相违背。按照《公司法》第 20 条规定,股东不得滥用公司法人独立地位和股东有限责任损害公司债权人的利益。同时,在公司清算时,《公司法》第 187 条规定:"公司财产在分别支付清算费用、职工的工资、社会保险费用和法定补偿金，缴纳所欠税款，清偿公司债务后的剩余财产，有限责任公司按照股东的出资比例分配，股份有限公司按照股东持有的股份比例分配。"也就是说，对债权人的清偿应在对股东的支付之前完成。而在创业投资活动中，当投融资双方执行对赌约定时，融资方向投资方进行现金补偿事实上将投资方作为股东的清偿权置于了债权人之先，从而侵犯了债权人的优先清偿权。

三是与《公司法》对公司股权结构的稳定性要求不一致（故《公司法》多处针对股东出资不到位、出资不实、股东撤资、回购、股权转让等做了限制性规定）。正是基于这一点，中国证监会在其窗口指导意见中要求签有对赌协议的发行人必须在发行申请前对创业投资合同中的对赌条款进行清理。

据此分析，创业投资中的对赌恐怕只能通过迂回的方式来实现。首先，依据股东共担风险的原则，在创业投资合同中有必要将"单向对赌"调整为"双向对赌"，即约定当融资方业绩未达标时，融资方须向投资方进行补偿；而当融资方业绩超标时，投资方须向融资方进行补偿。其次，依据保护债权人利益的原则，在创业投资合同中有必要将投资方与融资方之间的对赌调整为投资方与融资方原股东之间的对赌，即约定当融资方业绩未达标时，由融资方原股东向投资方进行补偿。最后，依据股权结构稳定原则，对赌条款的有效期应以融资方发行上市股改基准日为截点。或者，综合考虑上述三原则，可以用分阶段投资条款取代对赌条款，从而化解合同对赌条款无效的风险。

### 2.3.3 对反摊薄条款的规制与影响

反摊薄条款（Anti-dilution Protection）是投资方为防止其持股比例降低或持股价格高于后续投资者而在创业投资合同中要求做出的约定。创业投资合同中约定反摊薄条款的逻辑在于：由于后期投资者承担的风险要小于先期进入的投资者，故后期投资者的投资价格应高于先期投资价格，从而使得各自承担的风险与其预期收益相匹配。

在我国创业投资实践中，反摊薄条款通常被表述为：本协议拟议的投资完成后，融资方以任何形式进行新的股权融资，投资方股东有权按所持股份比例享有优先购买权；如新投资者根据某种协议或者安排导致其最终投资价格或者成本低于本协议投资方的投资价格或者成本，则融资方应将其间的差价返还投资方或低价向本协议投资方发售股份，直至本协议投资方的投资价格不高于新投资者投资的价格。

《公司法》对反摊薄条款有效性的制约主要体现在"同股同权"和"同次发行同价"这一要求上。《公司法》第127条明确规定："股份的发行，实行公平、公正的原则，同种类的每一股份应当具有同等权利。同次发行的同种类股票，每股的发行条件和价格应当相同；任何单位或者个人所认购的股份，每股应当支付相同价额。"据此，当后续投资者的投资价格低于前期投资者的投资价格时，由融资方向前期投资者低价发售股份就直接违背了《公司法》对"同次发行价格相同"的要求，从而失去可操作性。而差价返还也违背了"同股同权"的原则，并与对赌条款相似，有侵犯债权人利益之嫌，一旦投融资双方出现合同纠纷，从甘肃省高级人民法院的判例来看，在判决时也极有可能将该条款认定为无效。

在这种情况下，反摊薄条款同样需要通过融资方原股东来进行迂回落实。具体做法是在投资方与融资方原股东之间约定：当后续投资者的价格低于本投资方的投资价格时，融资方原股东承诺对本投资方进行差价补偿或低价向本投资方转让其所持融资方的股份，直至本投资方的投资价格不高于后续投资者的投资价格。

### 2.3.4 对投资方委派董事和一票否决条款的规制与影响

委派至少一名董事并对融资方的重大事项决策（Major Action）行使一票否决权通常是创业投资应对投融资双方信息不对称、防止融资方"道德风险"的典型做法。关于这一条款，在我国创业投资实践中，投融资双方一般会在创业投资合同中明确约定：投资方有权提名一人担任融资方董事，各方同意在相关股东大会上投票赞成上述投资方提名的人士出任公司董事。融资方应在办理营业执照变更的同时办理董事变更手续。在融资方首次公开发行股票并上市前，以下重大事项应当按照修订后的公司章程所规定的决策机制由公司董事会或者股东大会审议通过，如系董事会决议事项，则必须经融资方董事会中投资方董事的投票确认，方可形成决议；如系股东大会决议事项，则须经出席股东会议的股东或股东代表所持表决权三分之二以上，并且同时需要投资方的股东代表同意，方可形成决议。

但上述合同约定与现行《公司法》的要求并不完全相符，其有效性仍需要迂回实现。

首先，内资公司中除国有独资公司外，其董事不是委派的，而是须由股东提名、股东会或股东大会选举产生。虽然《公司法》第43条规定在不违反该法规定的前提下，有限责任公司的股东可以在章程中自行约定不按出资比例在股东会行使表决权，从而为创业投资方提名的董事获得股东会通过提供了实现途径，但对于股份有限公司，《公司法》第104条对股东大会的议事方式和表决机制有明确的规定："股东出席股东大会会议，所持每一股份有一表决权。但是，公司持有的本公司股份没有表决权。股东大会作出决议，必须经出席会议的股东所持表决权过半数通过。但是，股东大会作出修改公司章程、增加或者减少注册资本的决议，以及公司合并、分立、解散或者变更公司形式的决议，必须经出席会议的股东所持表决权的三分之二以上通过。"据此，在创业投资方只占小股的情况下，其提名的董事要获得股东大会通过就很难做得到。在《公司法》的这一制约下，如被投资企业为股份有限公司，要实现投资方向融资方委派董事，迂回的解决办法有两个：办法之一是依据《公司法》第106条的规定，在董事选举中采取累积投票制①,但这要求投融资双方在创业投资合同中事先进行明确,并修改公司章程或提前做好股东大会决议;办法之二是在选举董事时由融资方原股东将部分表决权委托给投资方行使。这种表决权委托同样也最好在签署创业投资合同时就进行书面授权,从而确保双方的约定得以合法落地。运用此法的依据是《公司法》第107条的规定:"股东可以委托代理人出席股东大会会议,代理人应当向公司提交股东授权委托书,并在授权范围内行使表决权。"

其次,创业投资方对重大决策行使一票否决权也与现行《公司法》关于股份有限公司股东大会和董事会议事方式与表决机制的明确规定存在冲突。虽然《公司法》第43条②和第49条③规定在不违反该法规定的情况下,有限责任公司股东可以在章程中自行约定股东会和董事会的表决程序与议事方式,从而使得投融资双方可以通过在章程中约定全票通过或不按出资比例表决来实现投资方对重大决策

---

① 《公司法》第106条规定:"股东大会选举董事、监事,可以依照公司章程的规定或者股东大会的决议,实行累积投票制。本法所称累积投票制,是指股东大会选举董事或者监事时,每一股份拥有与应选董事或者监事人数相同的表决权,股东拥有的表决权可以集中使用。"

② 《公司法》第43条规定:"股东会会议由股东按照出资比例行使表决权;但是,公司章程另有规定的除外。"

③ 《公司法》第49条规定:"董事会的议事方式和表决程序,除本法有规定的外,由公司章程规定。"

的一票否决权，但对于股份有限公司，《公司法》第104条和第112条则对股东大会和董事会的表决在表决机制上做了明确规定。《公司法》第104条规定："股东出席股东大会会议，所持每一股份有一表决权。但是，公司持有的本公司股份没有表决权。股东大会作出决议，必须经出席会议的股东所持表决权过半数通过。但是，股东大会作出修改公司章程、增加或者减少注册资本的决议，以及公司合并、分立、解散或者变更公司形式的决议，必须经出席会议的股东所持表决权的三分之二以上通过。"《公司法》第112条则规定："董事会会议应有过半数的董事出席方可举行。董事会作出决议，必须经全体董事的过半数通过。董事会决议的表决，实行一人一票。"由此观之，《公司法》强调了股东大会"一股一票"和董事会"一人一票"的原则，从而使得投融资双方无法通过章程约定来实现投资方对重大决策的一票否决权，同样也必须迂回解决。迂回的最有效途径是委托表决。《公司法》第107条规定："股东可以委托代理人出席股东大会会议，代理人应当向公司提交股东授权委托书，并在授权范围内行使表决权。"而《公司法》第113条又规定："董事会会议，应由董事本人出席；董事因故不能出席，可以书面委托其他董事代为出席，委托书中应载明授权范围。"根据这两条规定，如投融资双方在签署创业投资合同时，针对重大决策事项，就融资方原股东或其委派的董事授权投资方委派的股东代表、关联人或董事代为行使在股东大会或董事会的表决权达成一致，并事先签署授权委托书,则投资方行使重大决策一票否决权的问题便可合法解决。

综合以上分析,在我国创业投资实践中,可转换投资工具与回购条款、交易定价与对赌条款、反摊薄条款、投资方委派董事和一票否决条款等典型的创业投资合同条款与现行《公司法》内含的"同股同权""股东风险共担""同次发行同价""股权结构稳定""保护债权人利益不受侵犯"等原则及相关显性条款存在某种程度的矛盾与冲突,从而使得其法律有效性受到了制约,不利于创业投资机构合理控制其投资风险。在这种情况下,将上述条款的签署方由融资方调整为融资方的原股东便成为确保各风险控制条款有效性的一条主要迂回之道。在此基础上,双向对赌、分阶段投资、表决权委托等做法也可资使用。

除此之外,《公司法》第11条、第33条还对与项目交易结构设计相关的公司章程修改、工商变更登记等做了明确规定。《公司法》第11条规定:"设立公司必须依法制定公司章程。公司章程对公司、股东、董事、监事、高级管理人员具有约束力。"《公司法》第33条又规定:"公司应当将股东的姓名或者名称及其出资额向公司登记机关登记;登记事项发生变更的,应当办理变更登记。未经登记或者变更登记的,不得对抗第三人。"[①]

---

[①] 本书成稿之后,2014年《公司法修正案》删除了第33条第三款中的"及其出资额"。

## 2.4 《公司法》对创业投资基金投资后管理的规制与影响

首先,《公司法》赋予了创业投资方对投资项目进行投后管理的权利。《公司法》第4条规定:"公司股东依法享有资产收益、参与重大决策和选择管理者等权利。"在创业投资方通常为参股小股东且在被投资企业股东(大)会、董事会中都不占多数表决权的情况下,《公司法》第21条还明确规定:"公司的控股股东、实际控制人、董事、监事、高级管理人员不得利用其关联关系损害公司利益。违反前款规定,给公司造成损失的,应当承担赔偿责任。"

其次,《公司法》通过规范公司法人治理结构对创业投资方对被投资企业进行投资后管理的途径进行了明确。

一是明确了被投资企业股东会的组成、职权和表决机制。对于有限责任公司,《公司法》第37条规定:"有限责任公司股东会由全体股东组成。股东会是公司的权力机构,依照本法行使职权。"《公司法》第38条规定:"股东会行使下列职权:(一)决定公司的经营方针和投资计划;(二)选举和更换非由职工代表担任的董事、监事,决定有关董事、监事的报酬事项;(三)审议批准董事会的报告;(四)审议批准监事会或者监事的报告;(五)审议批准公司的年度财务预算方案、决算方案;(六)审议批准公司的利润分配方案和弥补亏损方案;(七)对公司增加或者减少注册资本作出决议；（八）对发行公司债券作出决议；（九）对公司合并、分立、解散、清算或者变更公司形式作出决议；（十）修改公司章程；（十一）公司章程规定的其他职权。对前款所列事项股东以书面形式一致表示同意的，可以不召开股东会会议，直接作出决定，并由全体股东在决定文件上签名、盖章。"同时，《公司法》第43条规定："股东会会议由股东按照出资比例行使表决权；但是，公司章程另有规定的除外。"而对于股份有限公司，表决机制则有所区别，《公司法》第104条规定："股东出席股东大会会议，所持每一股份有一表决权。但是，公司持有的本公司股份没有表决权。股东大会作出决议，必须经出席会议的股东所持表决权过半数通过。但是，股东大会作出修改公司章程、增加或者减少注册资本的决议，以及公司合并、分立、解散或者变更公司形式的决议，必须经出席会议的股东所持表决权的三分之二以上通过。"《公司法》第106条又规定："股东大会选举董事、监事，可以依照公司章程的规定或者股东大会的决议，实行累积投票制。本法所称累积投票制，是指股东大会选举董事或者监事时，每一股份拥有与应选董事或者监事人数相同的表决权，股东拥有的表决权可以集中使用。"

二是明确了被投资企业董事会的职权和表决机制。对于有限责任公司，《公司法》第47条规定："董事会对股东会负责，行使下列职权：（一）召集股东会会议，并向股东会报告工作；（二）执行股东会的决议；（三）决定公司的经营计划和投资方案；（四）制订公司的年度财务预算方案、决算方案；（五）制订公司的利润分配方案和弥补亏损方案；（六）制订公司增加或者减少注册资本以及发行公司债券的方案；（七）制订公司合并、分立、解散或者变更公司形式的方案；（八）决定公司内部管理机构的设置；（九）决定聘任或者解聘公司经理及其报酬事项，并根据经理的提名决定聘任或者解聘公司副经理、财务负责人及其报酬事项；（十）制定公司的基本管理制度；（十一）公司章程规定的其他职权。"《公司法》第49条规定："董事会的议事方式和表决程序，除本法有规定的外，由公司章程规定。董事会应当对所议事项的决定作成会议记录，出席会议的董事应当在会议记录上签名。董事会决议的表决，实行一人一票。"而对于股份有限公司，《公司法》第112条还另外明确规定："董事会会议应有过半数的董事出席方可举行。董事会作出决议，必须经全体董事的过半数通过。"

三是明确了被投资企业监事（会）的组成、职权和议事规则。《公司法》第52条规定："有限责任公司设监事会，其成员不得少于三人。股东人数较少或者规模较小的有限责任公司，可以设一至二名监事，不设监事会。监事会应当包括股东代表和适当比例的公司职工代表，其中职工代表的比例不得低于三分之一，具体比例由公司章程规定。监事会中的职工代表由公司职工通过职工代表大会、职工大会或者其他形式民主选举产生。监事会设主席一人，由全体监事过半数选举产生。监事会主席召集和主持监事会会议；监事会主席不能履行职务或者不履行职务的，由半数以上监事共同推举一名监事召集和主持监事会会议。董事、高级管理人员不得兼任监事。"《公司法》第55条又规定："监事可以列席董事会会议，并对董事会决议事项提出质询或者建议。监事会、不设监事会的公司的监事发现公司经营情况异常，可以进行调查；必要时，可以聘请会计师事务所等协助其工作，费用由公司承担。"

## 2.5 《公司法》对创业投资基金投资退出与回收资金分配的规制与影响

### 2.5.1 对创业投资退出的规制与影响

理论和实践都表明，公开上市（IPO）是创业投资退出的最佳方式。除了公开上市，创业投资商还可以通过战略并购（Acquisition）、二期收购（Secondary Sale）、回购（Buy Back）以及清算（Write-off）等方式退出其投资。

战略并购通常是指在被投资企业未上市的情况下，创业投资商将其所持股权转让给某个战略投资者。战略投资者既可能是外部独立第三方，也可能是创业投资商已经投资的另外一家更具发展前景的关联企业，还有可能是创业投资商的母公司（当创业投资商为公司附属型创业投资机构时）。从创业投资商的角度看，通过战略并购退出投资通常是基于以下原因：一是由于项目前期评估失误或创业投资商的网络资源不够，被投资企业在可预见的时间内创造成功历史和职业化治理结构的难度较大，从而使得其单独公开上市的可能性不大；二是受到来自本基金投资者的压力或为了后续基金的融资，创业投资商急于实现投资业绩；三是外部公开市场陷入周期性低谷，短期内上市退出受阻或通过上市预期的收益下降。而从收购方的角度看，收购被投资企业的目的并不在于实现其单独上市，而是为了满足其现有产业的纵向或横向一体化战略的需要。目的不同，双方的交易因此产生。

与战略并购略有不同的是，二期收购通常是指创业投资商在被投资企业未上市前将其所持股权转让给下一轮的投资者。一般来说，当被投资企业仍具有创造成功历史的潜质，但创业投资商依靠自身资本注入和网络资源尚不足以帮助被投资企业完成这一任务从而使其实现公开上市时，将手中所持股权转让给下一轮投资者便是最现实的选择。

再来看回购这一退出方式，回购是指由被投资企业的创始股东或被投资企业自身从创业投资商手中将其所持股权买回。回购的发生通常有两种情况：一是在被投资企业经营状况没有达到预期目标、创造成功历史无望的情况下，依据资本注入时创业投资商与被投资企业签署的回购条款，创业投资商要求被投资企业或其创始股东按约定的条件（一般为投资本金加一个约定的年复合回报率）将其所持股权购回；二是被投资企业经营状况良好，被投资企业管理层或创始股东不愿将企业公开上市而协商购回创业投资商所持股权。也就是说，回购退出并非完全是因为被投资企业经营状况不佳。

清算则完全是在被投资企业经营状况不佳、创造成功历史无望的情况下创业投资商退出投资的一种不得已的选择。通常情况下，为了尽可能减少投资损失，创业投资商一般会在投资协议中约定某些清算条款，如通过使用可转换债工具或设定其他方式，在清算的清偿程序上约定创业投资商的优先清偿权，或通过资产抵押方式实现以被投资企业资产清偿投资等（见图2-1）。

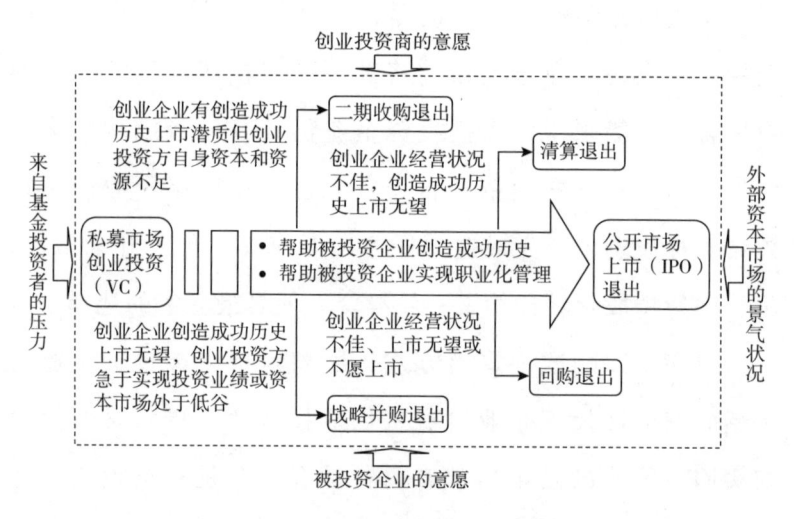

图2-1 创业投资的退出方式与适用情形

《公司法》对创业投资退出的规制主要表现在以下几个方面。

第一，关于IPO退出的规制。主要包括IPO的发起人人数和认购要求、IPO的规程和核准要求、发起人的责任以及发起人的股权转让限制等。

首先，关于发起人人数和认购要求，《公司法》第79条规定："设立股份有限公司，应当有二人以上二百人以下为发起人，其中须有半数以上的发起人在中国境内有住所。"《公司法》第85条规定："以募集设立方式设立股份有限公司的，发起人认购的股份不得少于公司股份总数的百分之三十五；但是，法律、行政法规另有规定的，从其规定。"

其次，关于IPO的规程和核准要求，《公司法》第86条规定："发起人向社会公开募集股份，必须公告招股说明书，并制作认股书。认股书应当载明本法第八十七条所列事项，由认股人填写认购股数、金额、住所，并签名、盖章。认股人按照所认购股数缴纳股款。"《公司法》第87条规定："招股说明书应当附有发起人制订的公司章程，并载明下列事项：（一）发起人认购的股份数；（二）每股的票面金额和发行价格；（三）无记名股票的发行总数；（四）募集资金的用途；（五）认股人的权利、义务；（六）本次募股的起止期限及逾期未募足时认股人可以撤回所认股份的说明。"《公司法》第88条规定："发起人向社会公开募集股份，应当由依法设立的证券公司承销，签订承销协议。"《公司法》第89条规定："发起人向社会公开募集股份，应当同银行签订代收股款协议。代收股款的银行应当按照协议代收和保存股款，向缴纳股款的认股人出具收款单据，并负有向有关部门出具收款证明的义务。"《公司法》第90条规定："发行股份的股款缴足后，必须经依法设立的验资机构验资并出具证明。发起人应当自股款缴足之日起三十日内主持召开公司创立大会。创立大会由发起人、认股人组成。"《公司法》第91条规定:"发起人应当在创立大会召开十五日前将会议日期通知各认股人或者予以公告。创立大会应有代表股份总数过半数的发起人、认股人出席,方可举行。创立大会行使下列职权:(一)审议发起人关于公司筹办情况的报告;(二)通过公司章程;(三)选举董事会成员;(四)选举监事会成员;(五)对公司的设立费用进行审核;(六)对发起人用于抵作股款的财产的作价进行审核;(七)发生不可抗力或者经营条件发生重大变化直接影响公司设立的,可以作出不设立公司的决议。创立大会对前款所列事项作出决议,必须经出席会议的认股人所持表决权过半数通过。"《公司法》第93条规定:"以募集方式设立股份有限公司公开发行股票的,还应当向公司登记机关报送国务院证券监督管理机构的核准文件。"《公司法》第96条又规定:"有限责任公司变更为股份有限公司时,折合的实收股本总额不得高于公司净资产额。有限责任公司变更为股份有限公司,为增加资本公开发行股份时,应当依法办理。"

再次,关于发起人的责任,《公司法》第92条规定:"发起人、认股人缴纳股款或者交付抵作股款的出资后,除未按期募足股份、发起人未按期召开创立大会或者创立大会决议不设立公司的情形外,不得抽回其股本。"《公司法》第94条规定:"股份有限公司成立后,发起人未按照公司章程的规定缴足出资的，应当补缴；其他发起人承担连带责任。股份有限公司成立后，发现作为设立公司出资的非货币财产的实际价额显著低于公司章程所定价额的，应当由交付该出资的发起人补足其差额；其他发起人承担连带责任。"《公司法》第95条又规定："股份有限公司的发起人应当承担下列责任：（一）公司不能成立时，对设立行为所产生的债务和费用负连带责任；（二）公司不能成立时，对认股人已缴纳的股款，负返还股款并加算银行同期存款利息的连带责任；（三）在公司设立过程中，由于发起人的过失致使公司利益受到损害的，应当对公司承担赔偿责任。"

最后，关于发起人的股权转让限制，《公司法》第142条规定："发起人持有的本公司股份，自公司成立之日起一年内不得转让。公司公开发行股份前已发行的股份，自公司股票在证券交易所上市交易之日起一年内不得转让。"上述规制表明，创业投资IPO退出时，创业投资方作为发起人之一需要承担一定的IPO规程所要求的连带责任，并且其上市股权的变现需要经过至少一年的锁定期。

第二，关于战略收购与二期并购退出的规制。

首先，创业投资方可以通过战略收购和二期并购转让其股权，但必须遵守"同等条件下，原股东有优先受让权"的规定。《公司法》第72条规定："有限责任公司的股东之间可以相互转让其全部或者部分股权。股东向股东以外的人转让股权，应当经其他股东过半数同意。股东应就其股权转让事项书面通知其他股东征求同意，其他股东自接到书面通知之日起满三十日未答复的，视为同意转让。其他股东半数以上不同意转让的，不同意的股东应当购买该转让的股权；不购买的，视为同意转让。经股东同意转让的股权，在同等条件下，其他股东有优先购买权。两个以上股东主张行使优先购买权的，协商确定各自的购买比例；协商不成的，按照转让时各自的出资比例行使优先购买权。公司章程对股权转让另有规定的，从其规定。"

其次，如果投资的是股份有限公司，创业投资方要转让其股权就必须通过特定的交易场所进行。

再次，《公司法》第139条还规定："股东转让其股份，应当在依法设立的证券交易场所进行或者按照国务院规定的其他方式进行。"从这条规定看，非上市公司股权交易一般通过产权交易所或协议方式进行。

最后，《公司法》第173条还指出："公司合并可以采取吸收合并或者新设合并。一个公司吸收其他公司为吸收合并，被吸收的公司解散。两个以上公司合并设立一个新的公司为新设合并，合并各方解散。"同时，《公司法》第174条和第175条对公司合并协议签订、报表及财产清单编制，以及债券和债务问题做出了相应的规定。《公司法》第218条规定："外商投资的有限责任公司和股份有限公司适用本法；有关外商投资的法律另有规定的，适用其规定。"

总体来说，相对于IPO退出来说，《公司法》对并购退出所做的规制并不多，对创业投资并购退出的指引和限制也比较少。

第三，关于回购退出的规制。

首先，与回购资金支付和回购执行依据相关的规制。《公司法》第36条规定："公司成立后，股东不得抽逃出资。"《公司法》第92条规定："发起人、认股人缴纳股款或者交付抵作股款的出资后，除未按期募足股份、发起人未按期召开创立大会或者创立大会决议不设立公司的情形外，不得抽回其股本。"《公司法》第201条又规定："公司的发起人、股东在公司成立后，抽逃其出资的，由公司登记机关责令改正，处以所抽逃出资金额百分之五以上百分之十五以下的罚款。"由此观之，由于创业投资回购退出的资金支付方为被投资企业自身，如不进行减资，则回购退出就有抽逃出资的嫌疑，需引起投资方的高度关注。与此同时，对于股份有限公司，《公司法》第127条指出："股份的发行，实行公平、公正的原则，同种类的每一股份应当具有同等权利。"依此规定，正如前文所分析过的，创业投资方执行回购条款就有违背同股同权原则之嫌，在法律上可能得不到支持。

其次，关于准予回购的情形。对于有限责任公司，《公司法》第75条规定："有下列情形之一的，对股东会该项决议投反对票的股东可以请求公司按照合理的价格收购其股权：（一）公司连续五年不向股东分配利润，而公司该五年连续盈利，并且符合本法规定的分配利润条件的；（二）公司合并、分立、转让主要财产的；（三）公司章程规定的营业期限届满或者章程规定的其他解散事由出现,股东会会议通过决议修改章程使公司存续的。自股东会会议决议通过之日起六十日内,股东与公司不能达成股权收购协议的,股东可以自股东会会议决议通过之日起九十日内向人民法院提起诉讼。"对于股份有限公司,《公司法》第143条规定:"公司不得收购本公司股份。但是,有下列情形之一的除外:(一)减少公司注册资本;(二)与持有本公司股份的其他公司合并;(三)将股份奖励给本公司职工;(四)股东因对股东大会作出的公司合并、分立决议持异议,要求公司收购其股份的。公司因前款第(一)项至第(三)项的原因收购本公司股份的,应当经股东大会决议。公司依照前款规定收购本公司股份后,属于第(一)项情形的,应当自收购之日起十日内注销;属于第(二)项、第(四)项情形的,应当在六个月内转让或者注销。公司依照第一款第(三)项规定收购的本公司股份,不得超过本公司已发行股份总额的百分之五;用于收购的资金应当从公司的税后利润中支出;所收购的股份应当在一年内转让给职工。"由此可见,在创业投资实践中,按《公司法》的要求,回购退出几乎不可能实现。正如前文分析到的,将回购转为原股东收购才是迂回实现之道。

第四,关于清算退出的规制。

首先,《公司法》赋予了创业投资方清算退出的权利和法律依据。《公司法》第183条规定:"公司经营管理发生严重困难,继续存续会使股东利益受到重大损失,通过其他途径不能解决的,持有公司全部股东表决权百分之十以上的股东,可以请求人民法院解散公司。"

其次,《公司法》明确了清算退出的程序与相关要求。《公司法》第184条规定:"公司因本法第一百八十一条第(一)项、第(二)项、第(四)项、第(五)项规定而解散的,应当在解散事由出现之日起十五日内成立清算组,开始清算。有限责任公司的清算组由股东组成,股份有限公司的清算组由董事或者股东大会确定的人员组成。逾期不成立清算组进行清算的,债权人可以申请人民法院指定有关人员组成清算组进行清算。人民法院应当受理该申请,并及时组织清算组进行清算。"《公司法》第185条规定:"清算组在清算期间行使下列职权:(一)清理公司财产,分别编制资产负债表和财产清单;(二)通知、公告债权人;(三)处理与清算有关的公司未了结的业务;(四)清缴所欠税款以及清算过程中产生的税款;(五)清理债权、债务;(六)处理公司清偿债务后的剩余财产;(七)代表公司参与民事诉讼活动。"《公司法》第186条规定:"清算组应当自成立之日起十日内通知债权人,并于六十日内在报纸上公告。债权人应当自接到通知书之日起三十日内,未接到通知书的自公告之日起四十五日内,向清算组申报其债权。债权人申报债权,应当说明债权的有关事项,并提供证明材料。清算组应当对债权进行登记。在申报债权期间,清算组不得对债权人进行清偿。"《公司法》第187条规定:"清算组在清理公司财产、编制资产负债表和财产清单后，应当制定清算方案，并报股东会、股东大会或者人民法院确认。公司财产在分别支付清算费用、职工的工资、社会保险费用和法定补偿金，缴纳所欠税款，清偿公司债务后的剩余财产，有限责任公司按照股东的出资比例分配，股份有限公司按照股东持有的股份比例分配。清算期间，公司存续，但不得开展与清算无关的经营活动。公司财产在未依照前款规定清偿前，不得分配给股东。"《公司法》第 188 条规定："清算组在清理公司财产、编制资产负债表和财产清单后，发现公司财产不足清偿债务的，应当依法向人民法院申请宣告破产。公司经人民法院裁定宣告破产后，清算组应当将清算事务移交给人民法院。"《公司法》第 189 条规定："公司清算结束后，清算组应当制作清算报告，报股东会、股东大会或者人民法院确认，并报送公司登记机关，申请注销公司登记，公告公司终止。"《公司法》第 190 条规定："清算组成员应当忠于职守，依法履行清算义务。清算组成员不得利用职权收受贿赂或者其他非法收入，不得侵占公司财产。清算组成员因故意或者重大过失给公司或者债权人造成损失的，应当承担赔偿责任。"《公司法》第 191 条规定："公司被依法宣告破产的，依照有关企业破产的法律实施破产清算。"显然，《公司法》的这些规定仍然过于抽象，还不足以为创业投资清算退出提供足够的法律保障。

## 2.5.2 对创业投资基金亏损与回收资金分配的规制与影响

首先,《公司法》赋予了公司制基金出资人对基金利润分配和亏损的干预权。《公司法》第38条规定:"股东会行使下列职权:……(六)审议批准公司的利润分配方案和弥补亏损方案……"《公司法》第101条规定:"股东大会应当每年召开一次年会。有下列情形之一的,应当在两个月内召开临时股东大会:…(二)公司未弥补的亏损达实收股本总额三分之一时……"

其次,《公司法》为公司制基金部分出资人获得特殊分红权提供了法律依据。对于有限责任公司,《公司法》第35条规定:"股东按照实缴的出资比例分取红利;公司新增资本时,股东有权优先按照实缴的出资比例认缴出资。但是,全体股东约定不按照出资比例分取红利或者不按照出资比例优先认缴出资的除外。"

最后,《公司法》明确了公司制基金利润分配的次序。《公司法》第167条规定:"公司分配当年税后利润时,应当提取利润的百分之十列入公司法定公积金。公司法定公积金累计额为公司注册资本的百分之五十以上的,可以不再提取。公司的法定公积金不足以弥补以前年度亏损的,在依照前款规定提取法定公积金之前,应当先用当年利润弥补亏损。公司从税后利润中提取法定公积金后,经股东会或者股东大会决议,还可以从税后利润中提取任意公积金。公司弥补亏损和提取公积金后所余税后利润,有限责任公司依照本法第三十五条的规定分配；股份有限公司按照股东持有的股份比例分配，但股份有限公司章程规定不按持股比例分配的除外。股东会、股东大会或者董事会违反前款规定，在公司弥补亏损和提取法定公积金之前向股东分配利润的，股东必须将违反规定分配的利润退还公司。公司持有的本公司股份不得分配利润。"从这些规定来看，公司制创业投资基金可以为部分出资人设定特殊的分红权利，这就为少量参与出资的基金管理人获得百分之二十的分红提供了法律依据，从而为公司制基金实行委托管理提供了方便。但是，我们也应注意到，由于公司制基金的利润分配有着严格的分配次序，在未弥补亏损和提取法定公积金之前，基金实现利润不可以分配给出资人。当然，也更不能对投资本金进行分配。在创业投资基金存在一定的封闭期并普遍要求回收资金不得再投资的情况下，其结果必然导致基金账面留存资金过多，资金利用不充分，从而影响基金出资人的投资回报，使创业投资基金作为机构和居民资产选择之一的吸引力大大下降。

# 第3章
# 《合伙企业法》对创业投资基金的规制与影响

现行《合伙企业法》由全国人大常委会第 23 次会议于 2006 年 8 月 27 日修订通过，自 2007 年 6 月 1 日起施行。与《公司法》对创业投资周期循环各环节都构成规制不同，《合伙企业法》对创业投资的规制主要体现在基金募集与治理以及回收资金分配等环节上（见表 3 – 1）。

表 3 – 1　《合伙企业法》对创业投资周期循环的规制条款

| 基金募集 | 基金治理 | 项目筛选评估 | 交易结构设计 | 投资后管理 | 投资退出 | 投资回收资金分配 |
| --- | --- | --- | --- | --- | --- | --- |
| 第 17 条、第 34 条、第 49 条、第 61 条、第 64 条、第 65 条 | 第 2~4 条、第 12 条、第 19 条、第 27 条、第 29 条、第 30 条、第 57 条、第 67 条、第 70~74 条、第 77~80 条、第 82~84 条、第 91 条、第 103 条、第 108 条 | — | — | — | — | 第 21 条、第 33 条、第 52 条、第 69 条、第 85~90 条、第 92 条 |

## 3.1　《合伙企业法》对有限合伙制基金募集的规制与影响

《合伙企业法》对有限合伙制基金募集的规制主要反映

在以下几个方面。

首先,对有限合伙制基金的出资人数进行了限制。《合伙企业法》第 61 条明确规定:"有限合伙企业由二个以上五十个以下合伙人设立;但是,法律另有规定的除外。"在没有其他法律另行规定的情况下,不超过五十个出资人就是界定有限合伙制基金是否涉及非法集资的界限。与《公司法》对公司制基金出资人数的限制同理,这一规定同样有悖于创业投资基金的社会化募集诉求,对创业投资基金规模的扩大及相应组合投资效应的发挥构成了阻碍。

其次,对出资缴付及增减资给予了充分的弹性。《合伙企业法》第 17 条规定:"合伙人应当按照合伙协议约定的出资方式、数额和缴付期限,履行出资义务。"《合伙企业法》第 34 条规定:"合伙人按照合伙协议的约定或者经全体合伙人决定,可以增加或者减少对合伙企业的出资。"《合伙企业法》第 64 条又规定:"有限合伙人可以用货币、实物、知识产权、土地使用权或者其他财产权利作价出资。有限合伙人不得以劳务出资。"这些规定表明,第一,有限合伙制基金分期缴资的进度、方式、金额及增减资都可由合伙人商议,法律不做强制规定,从而使得合伙制基金的缴资安排得以与基金本身的项目投资进度和金融市场的景气周期相适应;第二,有限合伙人可以进行除劳务外的非货币出资使得基金之间的整体接盘成为可能,即当一只基金因未完全退出而到期清算时,有限合伙人可整体将未完全退出股权作为投资并入另外一只基金,尤其是当金融市场不景气时，未退出股权的市值被严重低估，整体接盘对于新旧基金的出资人来说都有利可图。

最后，对出资不到位的违约责任进行了明确。《合伙企业法》第49条规定："合伙人有下列情形之一的，经其他合伙人一致同意，可以决议将其除名：（一）未履行出资义务……"《合伙企业法》第65条又规定："有限合伙人应当按照合伙协议的约定按期足额缴纳出资；未按期足额缴纳的，应当承担补缴义务，并对其他合伙人承担违约责任。"

## 3.2 《合伙企业法》对有限合伙制基金治理的规制与影响

第一，明确了有限合伙制基金合伙人的资格和责任边界。《合伙企业法》第2条规定："本法所称合伙企业，是指自然人、法人和其他组织依照本法在中国境内设立的普通合伙企业和有限合伙企业。普通合伙企业由普通合伙人组成，合伙人对合伙企业债务承担无限连带责任。本法对普通合伙人承担责任的形式有特别规定的，从其规定。有限合伙企业由普通合伙人和有限合伙人组成，普通合伙人对合伙企业债务承担无限连带责任，有限合伙人以其认缴的出资额为限对合伙企业债务承担责任。"《合伙企业法》第3条又规定："国有独资公司、国有企业、上市公司以及公益性的事业单位、社会团体不得成为普通合伙人。"据此，结合《公司法》第15条"公司可以向其他企业投资；

但是，除法律另有规定外，不得成为对所投资企业的债务承担连带责任的出资人"的规定，由于 GP 要对有限合伙制基金的债务承担无限连带责任，故公司就不能成为有限合伙制基金的 GP。而目前我国创业投资实践中大量存在这种以有限责任公司担任有限合伙制基金 GP 的情况，这显然与《合伙企业法》和《公司法》的规定不相符合，存在明显的法律风险。

第二，明确了合伙协议作为合伙人权利义务关系依据的法律效力。《合伙企业法》第 4 条规定："合伙协议依法由全体合伙人协商一致、以书面形式订立。"《合伙企业法》第 19 条又规定："合伙协议经全体合伙人签名、盖章后生效。合伙人按照合伙协议享有权利，履行义务。修改或者补充合伙协议，应当经全体合伙人一致同意；但是，合伙协议另有约定的除外。"《合伙企业法》第 103 条则规定："合伙人违反合伙协议的，应当依法承担违约责任。合伙人履行合伙协议发生争议的，合伙人可以通过协商或者调解解决。不愿通过协商、调解解决或者协商、调解不成的，可以按照合伙协议约定的仲裁条款或者事后达成的书面仲裁协议，向仲裁机构申请仲裁。合伙协议中未订立仲裁条款，事后又没有达成书面仲裁协议的，可以向人民法院起诉。"

第三，对 GP 的资格、行为和责任边界进行了规范。《合伙企业法》第 12 条规定："合伙企业设立分支机构，应当向分支机构所在地的企业登记机关申请登记，领取营业执照。"据此，GP本身如为合伙企业，则可以通过设立分支机构来担当其余基金的GP。《合伙企业法》第27条规定："依照本法第二十六条第二款规定委托一个或者数个合伙人执行合伙事务的，其他合伙人不再执行合伙事务。不执行合伙事务的合伙人有权监督执行事务合伙人执行合伙事务的情况。"《合伙企业法》第29条规定："受委托执行合伙事务的合伙人不按照合伙协议或者全体合伙人的决定执行事务的，其他合伙人可以决定撤销该委托。"《合伙企业法》第57条又规定："一个合伙人或者数个合伙人在执业活动中因故意或者重大过失造成合伙企业债务的，应当承担无限责任或者无限连带责任，其他合伙人以其在合伙企业中的财产份额为限承担责任。"《合伙企业法》第91条则规定："合伙企业注销后，原普通合伙人对合伙企业存续期间的债务仍应承担无限连带责任。"《合伙企业法》第92条还规定："合伙企业依法被宣告破产的，普通合伙人对合伙企业债务仍应承担无限连带责任。"

第四，为有限合伙制基金的表决机制提供了协商空间。《合伙企业法》第30条规定："合伙人对合伙企业有关事项作出决议，按照合伙协议约定的表决办法办理。合伙协议未约定或者约定不明确的，实行合伙人一人一票并经全体合伙人过半数通过的表决办法。本法对合伙企业的表决办法另有规定的，从其规定。"据此，合伙人可以对不同合伙人约定不同的表决权，从而为GP行使投资决策权等重大权利以及为个别主要出资人设定特殊表决权提供了法律依据。

第五，为 GP 获取基金管理费和业绩奖励提供了法律依据。《合伙企业法》第 67 条规定："有限合伙企业由普通合伙人执行合伙事务。执行事务合伙人可以要求在合伙协议中确定执行事务的报酬及报酬提取方式。"

第六，明确了有限合伙人的权利和义务。《合伙企业法》第 70 条规定："有限合伙人可以同本有限合伙企业进行交易；但是，合伙协议另有约定的除外。"《合伙企业法》第 71 条规定："有限合伙人可以自营或者同他人合作经营与本有限合伙企业相竞争的业务；但是，合伙协议另有约定的除外。"《合伙企业法》第 72 条规定："有限合伙人可以将其在有限合伙企业中的财产份额出质；但是，合伙协议另有约定的除外。"《合伙企业法》第 73 条规定："有限合伙人可以按照合伙协议的约定向合伙人以外的人转让其在有限合伙企业中的财产份额，但应当提前三十日通知其他合伙人。"《合伙企业法》第 74 条规定："有限合伙人的自有财产不足清偿其与合伙企业无关的债务的，该合伙人可以以其从有限合伙企业中分取的收益用于清偿；债权人也可以依法请求人民法院强制执行该合伙人在有限合伙企业中的财产份额用于清偿。人民法院强制执行有限合伙人的财产份额时，应当通知全体合伙人。在同等条件下，其他合伙人有优先购买权。"也就是说，与普通合伙企业合伙人的义务不同，有限合伙制基金的有限合伙人可以将其财产份额转让、出质，也可以与该基金发生关联交易，还可以自营或投资其他有限合伙制基金。但其财务份额用于冲抵债务时，只能由人民法院强制执行。此外，《合伙企业法》第77条、第79条和第80条还规定有限合伙人的其他权利和义务。《合伙企业法》第77条规定："新入伙的有限合伙人对入伙前有限合伙企业的债务，以其认缴的出资额为限承担责任。"《合伙企业法》第79条规定："作为有限合伙人的自然人在有限合伙企业存续期间丧失民事行为能力的，其他合伙人不得因此要求其退伙。"《合伙企业法》第80条又规定："作为有限合伙人的自然人死亡、被依法宣告死亡或者作为有限合伙人的法人及其他组织终止时，其继承人或者权利承受人可以依法取得该有限合伙人在有限合伙企业中的资格。"总之，由于有限合伙人不参与有限合伙制基金的管理，故其权利和义务与有限责任公司制基金中股东的权利和义务基本相同，其表决权取决于协议约定，而其财产权则得到了充分的行使。

第七，对GP和LP的身份转换进行了规制。《合伙企业法》第82条规定："除合伙协议另有约定外，普通合伙人转变为有限合伙人，或者有限合伙人转变为普通合伙人，应当经全体合伙人一致同意。"《合伙企业法》第83条规定："有限合伙人转变为普通合伙人的，对其作为有限合伙人期间有限合伙企业发生的债务承担无限连带责任。"《合伙企业法》第84条规定："普通合伙人转变为有限合伙人的，对其作为普通合伙人期间合伙企业发生的债务承担无限连带责任。"

此外，还需注意的是，《合伙企业法》对外资LP和GP

参与境内有限合伙制基金是否适用于本法并未明确。《合伙企业法》第 108 条规定："外国企业或者个人在中国境内设立合伙企业的管理办法由国务院规定。"这里并未明确是不是"另行规定",从而产生了模糊空间。

## 3.3 《合伙企业法》对有限合伙制基金回收资金分配的规制与影响

首先,明确了有限合伙制基金退伙或解散的财产份额返还办法。《合伙企业法》第 52 条规定："退伙人在合伙企业中财产份额的退还办法,由合伙协议约定或者由全体合伙人决定,可以退还货币,也可以退还实物。"这就为基金发生退伙或清算时向合伙人返还股权等非货币财产提供了合法依据。

其次,明确了有限合伙制基金到期解散和清算的相关规程。《合伙企业法》第 85 条规定："合伙企业有下列情形之一的,应当解散:(一)合伙期限届满,合伙人决定不再经营;(二)合伙协议约定的解散事由出现;(三)全体合伙人决定解散;(四)合伙人已不具备法定人数满三十天;(五)合伙协议约定的合伙目的已经实现或者无法实现;(六)依法被吊销营业执照、责令关闭或者被撤销;(七)法律、行政法规规定的其他原因。"《合伙企业法》第 86 条规定："合伙企业解散,应当由清算人进行清算。清算人由全体合伙人担任;经全体合伙人过半数同意,可以自合伙企业解散事由出现后十五日内指定一个或者数个合伙人，或者委托第三人，担任清算人。自合伙企业解散事由出现之日起十五日内未确定清算人的，合伙人或者其他利害关系人可以申请人民法院指定清算人。"《合伙企业法》第87条规定："清算人在清算期间执行下列事务：（一）清理合伙企业财产，分别编制资产负债表和财产清单；（二）处理与清算有关的合伙企业未了结事务；（三）清缴所欠税款；（四）清理债权、债务；（五）处理合伙企业清偿债务后的剩余财产；（六）代表合伙企业参加诉讼或者仲裁活动。"《合伙企业法》第88条规定："清算人自被确定之日起十日内将合伙企业解散事项通知债权人，并于六十日内在报纸上公告。债权人应当自接到通知书之日起三十日内，未接到通知书的自公告之日起四十五日内，向清算人申报债权。债权人申报债权，应当说明债权的有关事项，并提供证明材料。清算人应当对债权进行登记。清算期间，合伙企业存续，但不得开展与清算无关的经营活动。"《合伙企业法》第89条规定："合伙企业财产在支付清算费用和职工工资、社会保险费用、法定补偿金以及缴纳所欠税款、清偿债务后的剩余财产，依照本法第三十三条第一款的规定进行分配。"《合伙企业法》第90条规定："清算结束，清算人应当编制清算报告，经全体合伙人签名、盖章后，在十五日内向企业登记机关报送清算报告，申请办理合伙企业注销登记。"

《合伙企业法》对有限合伙制基金投资回收资金分配和

亏损承担的规制仍存在一些模糊之处。主要表现在以下几个方面。

第一,《合伙企业法》第 21 条规定:"合伙人在合伙企业清算前,不得请求分割合伙企业的财产;但是,本法另有规定的除外。合伙人在合伙企业清算前私自转移或者处分合伙企业财产的,合伙企业不得以此对抗善意第三人。"依据这一条,有限合伙制基金将投资退出回收的本金分配给合伙人算不算在清算前分割合伙企业财产?如果算,这就使得有限合伙制基金丧失了相较于公司制基金在回收资金分配上的灵活性,不利于稀缺资金的周转和效益的提升。

第二,《合伙企业法》第 33 条规定:"合伙协议不得约定将全部利润分配给部分合伙人或者由部分合伙人承担全部亏损。"这一规定显然也与创业投资实践不相适应。在创业投资实践中,对于投资回收的资金,约定"由 LP 先回本,有剩余再由 GP 回本,然后由 LP 获得最低收益,最后由 GP 和 LP 对剩余收益进行二八分账",同时要求"GP 首先以其出资承担基金亏损"的做法非常普遍,这样也有利于构造 GP 的激励约束机制。然而,《合伙企业法》第 33 条的规定明显限制了这一机制的使用。《合伙企业法》第 69 条又规定:"有限合伙企业不得将全部利润分配给部分合伙人;但是,合伙协议另有约定的除外。"虽然修正了《合伙企业法》第 33 条的规定,对有限合伙制基金约定利润分配提供了依据,但仍没有对 GP 先承担亏损的合法性与否给出明确说法。

此外，《合伙企业法》对合伙企业破产申请的界定也有欠周全之处。《合伙企业法》第 92 条规定："合伙企业不能清偿到期债务的，债权人可以依法向人民法院提出破产清算申请……"据此规定，只有债权人才有对合伙企业的破产申请权，而合伙企业自身和合伙人的破产申请权并没有得到明确，这显然不利于有限合伙制基金的有限合伙人依据破产机制来保护自己的利益，从而降低了有限合伙制基金对出资人的吸引力，不利于创业投资业的发展。

# 第4章
# 研究结论与建议

## 4.1 研究结论

基于前述引述、归纳与分析，本书的研究结论如下。

第一，现行《公司法》对创业投资基金的募集与治理、创业投资项目的筛选评估、创业投资项目的交易结构设计、创业投资项目的投资后管理以及投资退出与回收资金分配等都进行了全过程的规制，为公司制创业投资基金的运作提供了相对完备的法律依据。

从有利的方面来看，现行《公司法》对我国创业投资基金运作的促进作用主要体现在以下几个方面。

（1）《公司法》关于实行出资"认缴登记制"和分期缴资以及对出资不到位的违约责任规定都有利于公司制基金的资本募集。

（2）《公司法》关于股东与公司之间的关联交易表决回避、股东撤资的严格约束以及以公司章程为公司内部最高约束文件的规定有利于规范公司制基金的内部治理，保持公司制基金运营的稳定性。

(3)《公司法》关于股东非货币出资的规定为创业投资基金投资高技术的轻资产公司并进行溢价出资提供了法律依据。

(4)《公司法》关于非货币出资估值的合理公允要求及违法追究为创业投资基金进行合理估值提供了法律保障。

(5)《公司法》关于股东权利和公司股东(大)会、董事会、监事会等法人治理结构的明确界定为创业投资基金对被投资企业进行投资后管理和增值服务提供了法律依据与规范途径。

(6)《公司法》关于股东要求清算权的界定为创业投资基金在被投资企业严重亏损时通过清算退出止损提供了法律依据。

(7)《公司法》关于有限责任公司可以由股东在章程中约定不按持股比例分配的规定为对公司制基金只进行少量参股的基金管理人获得20%的业绩分红提供了法律依据。

从不利的方面来看,单就对创业投资的影响而言,现行《公司法》仍有许多需要改进修订的地方,主要表现在以下几个方面。

(1)在公司制基金的募集方面,《公司法》对有限责任公司和股份有限公司都规定了严格的股东人数限制。虽然这一限制有利于防止非法集资,但与创业投资基金内在的社会化募集要求存在冲突,不利于创业投资基金规模的扩大以及相应组合投资功效的发挥。

(2)在公司制基金的治理方面,《公司法》要求诸如投资决策、利润分配等事项均经过股东(大)会、董事会按一定议事规则表决通过，从而对创业投资基金委托管理模式的投委会最终决策构成了约束，使得投委会最终决策仍需通过股东（大）会、董事会的形式表决，这显然不利于公司制基金投资管理效率的提高。同时，《公司法》对公司制基金出资人转让其出资也规定了其他股东的优先受让权和场所限制，这也与创业投资基金作为机构和居民资产配置选择之一所要求的流动性相冲突，不利于引导社会资本进入创业投资行业。

（3）在公司制基金的项目筛选评估方面，《公司法》关于"公司不得投资于使其承担无限连带责任的企业"的规定使得公司制基金无法投资普通合伙企业，公司制母基金也无法充当参股子基金的普通合伙人，从而限制了公司制基金的投资范围。

（4）在投资项目的交易结构设计方面，由于现行《公司法》中"可转换优先股"等可转换金融工具缺位，对有限责任公司和股份有限公司回购自身股份有着非常严格的情形界定，对董事实行选举制，并严格规定了重大事项的董事会或股东（大）会表决机制，同时又清晰界定了"同股同权""同次发行同价""不得损害其他股东和债权人的权益"等原则，从而使创业投资实践中广泛实行的诸如可转换金融工具、回购、对赌（估值调整）、反摊薄、投资方委派董事和对重大决策行使一票否决权等合约自由机制无法得到直接落实，因而不利于创业投资基金合理控制其投资风险，严重阻碍了我国创业投资事业的发展。

（5）在项目投资后管理方面，交易结构设计中的合约自由机制因受到《公司法》的制约而不能得到落实，使得创业投资基金对被投企业的运营监控缺乏有效的实施手段，这同样不利于其风险控制。

（6）在投资退出方面，基于《公司法》的规定，被投资企业 IPO 退出受到发起人数量和复杂流程的限制，创业投资基金所持被投资企业股权的转让又受到其他股东优先受让和交易场所的限制，被投资企业从创业投资基金手中回购其自身股权的情形条件又通常不能满足，从而使得创业投资的灵活退出受到了很大的制约，因而无法顺利实现创业投资基金的周期循环运作。

（7）在公司制基金的投资回收资金分配方面，由于《公司法》要求公司只有在弥补亏损和提取法定盈余公积金之后才可以向股东进行收益分配，同时又严格禁止股东中途撤资，故公司制基金投资回收的资金中只能向出资人分配收益的一部分，在创业投资基金存在封闭期且一般不能将回收资金用于再投资的情况下，稀缺资金将留存在基金账户上直至被最终清算，这会大大降低投资资金的使用效率，不利于吸引社会资本进入创业投资领域（见表 4-1）。

表 4-1 《公司法》对创业投资基金运作规制的影响归纳

| 运作周期环节 | 规制的促进方面 | 规制的限制方面 |
| --- | --- | --- |
| 基金募集 | ● 出资认缴登记制与分期缴资<br>● 出资不到位的违约责任 | ● 出资人数限制（有限责任制为 50 人以下，股份有限制为 200 人以下） |

续表

| 运作周期环节 | 规制的促进方面 | 规制的限制方面 |
| --- | --- | --- |
| 基金治理 | • 章程为最高约束<br>• 关联交易回避<br>• 出资人撤资约束 | • 投委会决策需经过股东会、董事会法定程序决议<br>• 出资转让限制 |
| 项目筛选评估 | • 允许非货币出资，为投资轻资产公司及溢价出资提供依据 | • 公司制基金不能投资于普通合伙企业<br>• 公司制母基金不能充当合伙制子基金GP |
| 交易结构设计 | • 非货币出资估值的合理公允要求及违法追究 | • 限制了可转换工具、回购、对赌、反摊薄、委派董事和一票否决权设置等创业投资合约自由机制的使用 |
| 投资后管理 | • 赋予了创业投资方投资后管理的法律依据<br>• 明确了投资后管理的法人治理途径 | • 无法落实交易结构合约自由机制 |
| 投资退出 | • 为创业投资方要求清算权提供了法律依据 | • IPO退出的发起人人数和复杂流程限制<br>• 股权转让的优先受让权与场所限制<br>• 回购退出限制 |
| 回收资金分配 | • 为出资人提供了关于亏损承担和分配的干预依据<br>• 为GP获得20%的分红提供了法律依据 | • 收益分配需先弥补亏损并提取法定公积金<br>• 回收本金不能分配 |

第二，现行《合伙企业法》对有限合伙制基金的募集与治理、有限合伙制基金的投资回收资金分配和亏损承担等创业投资周期循环的几个环节进行了规制，从而在一定程度上为有限合伙制创业投资基金的运作提供了法律依据。

从有利的方面来看，现行《合伙企业法》对我国创业投资基金运作的促进作用主要体现在以下几个方面。

（1）在有限合伙制基金的募集方面，《合伙企业法》明确可以由合伙人协商缴资进度，同时为办理合伙制基金的增减资手续提供了便利，并明确了出资不到位的违约责任，有利于创业投资基金依据项目投资进度来进行资本催缴，从而减缓了基金管理人的闲置资金压力，提高了资金的使用效率。

（2）在有限合伙制基金的治理方面，《合伙企业法》将合伙协议视为合伙人之间的最高约定，规定合伙企业可以设立分支机构，明确了有限合伙人对合伙企业的监督权和同业竞争权、对合伙份额的处置权以及 GP 和 LP 的身份转换权，同时规定合伙人可自行约定表决权分配和表决机制以及内部分配机制，从而规范了有限合伙制基金的内部运行机制，为有限合伙制基金的普通合伙人行使投资管理权并获得相应报酬提供了法律依据。

（3）在有限合伙制基金的投资回收资金分配和亏损承担方面，《合伙企业法》规定合伙企业可以进行非货币分配，并约定了合伙企业清算的规程，从而为封闭期满时有限合伙制基金的到期清算提供了明确的规范。

从不利的方面来看，单就对创业投资的影响而言，现行《合伙企业法》同样也存在一些待修订完善之处，主要表现在以下几个方面。

（1）《合伙企业法》中关于合伙企业合伙人限定在 2 人以上、50 人以下的规定与创业投资基金的社会化募集要求不相符，不利于有限合伙制基金扩大规模、发挥组合投资效益。

（2）《合伙企业法》中明确国有独资公司、国有企业、上市公司以及公益性的事业单位、社会团体不得成为普通合伙人。而依据《公司法》第15条,公司也不能成为普通合伙人。虽然这一规定背后有着保护国有资产不流失、保护上市公司公众股东和公益事业单位利益的原因,并与有限合伙制基金GP承担无限连带责任的最终追索要求逻辑相一致,但与目前国内现实的诚信状况并不相符,因而限制了有限合伙制基金GP的选择范围,也对目前创业投资实践中广泛存在的以有限责任公司充当GP的有限合伙制基金的规范运作构成了明显的挑战。

(3)《合伙企业法》规定"外国企业或者个人在中国境内设立合伙企业的管理办法由国务院规定",从而使得该法是否适用于外资LP或GP参与的有限合伙制基金存在界定不清晰之处。

(4)《合伙企业法》中关于"合伙人在合伙企业清算前,不得请求分割合伙企业的财产"的规定限制了有限合伙制基金在到期清算前的本金分配。

(5)《合伙企业法》中关于"合伙协议不得约定将全部利润分配给部分合伙人或者由部分合伙人承担全部亏损"的规定限制了GP和LP约定投资回收资金先向LP回本和先由GP以其出资承担亏损等相关约定的法律效力。

(6)《合伙企业法》中关于"合伙企业不能清偿到期债务的,债权人可以依法向人民法院提出破产清算申请,也可以要求普通合伙人清偿"的规定并未明确合伙人和合伙企业对合伙制基金提出破产申请的权利,从而不利于保护LP和债权人的利益(见表4-2)。

表 4-2 《合伙企业法》对创业投资基金运作规制的影响归纳

| 运作周期环节 | 规制的促进方面 | 规制的限制方面 |
| --- | --- | --- |
| 基金募集 | • 协商缴资进度<br>• 增减资便利<br>• 出资不到位的违约责任 | • 出资人数限制（50人以下） |
| 基金治理 | • 规定合伙协议为合伙人之间的最高约束文件<br>• 赋予 GP 和 LP 约定表决权<br>• 赋予 LP 充分的财产份额处置权、监督权和同业竞争权<br>• 赋予 GP 管理费和业绩奖励依据 | • 公司不能担任有限合伙制基金 GP<br>• 国有企业、上市公司、事业单位、社会团体不能担任 GP<br>• 外资 LP 和 GP 参与有限合伙基金的合法与否界定模糊 |
| 项目筛选评估 | — | — |
| 交易结构设计 | — | — |
| 投资后管理 | — | — |
| 投资退出 | — | — |
| 回收资金分配 | • 可非货币分配<br>• 规定了清算规程 | • 回收本金能否分配的规制模糊<br>• GP 先承担亏损是否有效的规制模糊<br>• LP 的破产申请权未明确 |

## 4.2 相关建议

基于《公司法》和《合伙企业法》对创业投资基金运作规制的上述不足，本书建议如下。

第一，从中长期发展我国创业投资事业的角度看，针对各制约条款提出以下修订建议。

（1）在《公司法》和《合伙企业法》中，针对创业投资基金（作为例外情况），取消有限责任公司制基金和有限合伙制基金出资人数 50 人以下和股份有限公司制基金发起人 200 人以下的限制，不再将超出人数限制的行为定性为非法集资，以适应创业投资基金作为机构和居民资产选择之一的社会化募集要求。

（2）修改《公司法》第 15 条，将公司担任创业投资基金普通合伙人作为例外情况，以适应目前国内广泛存在的以有限责任公司充当有限合伙制基金 GP 的实际情况。

（3）修改《公司法》的相关规定，为创业企业股份回购提供立法支持。首先，扩大股份回购的适用范围。由于股份回购是创业投资退出的重要方式，《公司法》可以针对创业投资的特点，把创业投资股份回购退出作为第五种例外情况加以规定。这样可以从立法上支持创业企业收购创业投资机构所持有的本企业股份，有利于创业投资的退出。其次，增加股份回购的数量。为了达到公司资本维持、资产结构健全的目的，有必要对股份回购施加比例限制。然而，限制比例的多少，对创业投资通过股份回购退出的影响很大。我国可以针对创业企业股份回购的特点，在不突破公司资本维持的原则下，允许创业企业回购比例适当提高。最后，对于回购后的股份进行灵活处理。我国可以对创业企业回购后的股份做出灵活规定，原则上可以选择将该股份注销或作为库藏股。库藏股可以根据需要进行注销、再次出售或是用于职工持股计划和股票期权计划。当然，为了避免公司与股东的角色混同，有必要对库藏股的权利加以限制，它不应具有投票权、收益分配权、优先认股权、资产清偿权以及相关义务。

（4）在《公司法》中增加关于"可转换优先股"的条款，扩大企业回购自身股份情形的适用范围，允许公司在增资入股时采纳估值调整条款（对赌），在"同次发行同价"的原则下将创业投资视为例外，允许股东增资入股时按约定使用反摊薄条款，在董事会一人一票的原则下，允许股东之间自由约定董事会表决权分配和表决机制等，从而解除对投融资双方使用可转换金融工具、对赌条款、反摊薄条款、董事一票否决条款的限制，发挥创业投资合约自由机制的优势。

（5）修改《公司法》中关于收益分配的规定，将公司制创业投资基金作为例外情况，允许公司制创业投资基金将投资回收的所有资金向出资人做出分配，以适应创业投资基金存在封闭期和一般限制投资回收资金再投资的内在要求。

（6）修改《合伙企业法》第21条、第33条，明确外资LP和GP参与有限合伙制基金是否适用本法、投资回收本金是否可以即时分配给出资人，以及GP是否可以先承担亏损。

（7）完善合伙制企业破产的相关规定。首先，赋予合伙企业和合伙人破产申请权，明确申请破产的形式。由于债务人最了解自己的财产状况和清偿能力，赋予其破产申请权，不仅可以避免债权人遭受更大的损失，而且可以使其自身寻求和解整顿以减免债务。因此，应赋予合伙企业和合伙人破产申请权。其次,规定合伙企业的破产原因。由于普通合伙人对合伙债务承担无限连带责任,合伙企业破产原因的界定较一般法人企业更为复杂。由于合伙企业具有独立的人格,对其破产原因的判断不应当涉及合伙人个人的偿债能力,否则将导致两者人格的混淆。当合伙企业的财产不足以清偿到期债务时,依法享有破产申请权的人可以向人民法院提出破产申请。最后,明确合伙企业破产财产的构成。由于合伙企业与合伙人属于不同的法律主体,但普通合伙人需要对合伙债务承担无限连带责任,所以合伙企业财产具有二元性。结合合伙企业的特殊性质,合伙企业的破产财产应由下列三部分构成:合伙企业所有的财产、合伙企业破产管理人行使撤销权所取得的财产以及合伙人用于清偿合伙债务的个人财产。

第二,从当前规范我国创业投资活动的角度看,以《公司法》《合伙企业法》和其他相关法律法规为依据,重点关注《公司法》和《合伙企业法》中的各项限制性条款,借鉴美国的经验,为公司制创业投资基金和有限合伙制创业投资基金的募集与治理、项目筛选评估、交易结构设计、投资后管理以及投资退出与回收资金分配等运作环节制定相应的操作指引和标准文本,包括公司制基金的公司章程文本和治理指引、有限合伙制基金的合伙协议文本和治理指引、项目交易结构设计条款指引、股权购买协议标准文本、股东会议事规则指引、董事会议事规则指引、基金投资退出指引等。

# 附 录

## 附录1 甘肃省高级人民法院关于 PE 投资中"对赌协议条款"有效性的判决书

上诉人苏州工业园区海富投资有限公司与被上诉人甘肃世恒有色资源再利用有限公司、香港迪亚有限公司、陆波公司增资纠纷案二审民事判决书

### 甘肃省高级人民法院
### 民事判决书

〔2011〕甘民二终字第96号

上诉人（原审原告）：苏州工业园区海富投资有限公司。

法定代表人：张亦斌，苏州工业园区海富投资有限公司董事长。

委托代理人：计静怡，北京市法大律师事务所律师。

委托代理人：涂海涛，北京市法大律师事务所律师。

被上诉人（原审被告）：甘肃世恒有色资源再利用有限公司。

法定代表人：陆波，甘肃世恒有色资源再利用有限公司总经理。

委托代理人：孙赓，甘肃德合律师事务所律师。

被上诉人（原审被告）：香港迪亚有限公司。

法定代表人：陆波，香港迪亚有限公司总经理。

委托代理人：孙赓，甘肃德合律师事务所律师。

被上诉人（原审被告）：陆波，女，汉族。

委托代理人：孙赓，甘肃德合律师事务所律师。

上诉人苏州工业园区海富投资有限公司（以下简称海富公司）为与被上诉人甘肃世恒有色资源再利用有限公司（以下简称世恒公司）、香港迪亚有限公司（以下简称迪亚公司）、陆波公司增资纠纷一案，不服兰州市中级人民法院〔2010〕兰法民三初字第71号民事判决，向本院提起上诉。本院受理后依法组成合议庭公开开庭进行了审理，海富公司委托代理人计静怡、涂海涛，世恒公司、迪亚公司及陆波委托代理人孙赓到庭参加诉讼。本案现已审理终结。

原审法院经审理查明，2007年11月1日前，甘肃众星锌业有限公司（以下简称众星公司）作为甲方、海富公司作为乙方、迪亚公司作为丙方、陆波作为丁方，共同签订了一份《甘肃众星锌业有限公司增资协议书》（以下简称《增资协议书》），其中约定：甲方注册资本为384万美元，丙方占投资的100%，各方同意乙方以现金2000万元人民币对甲方进行增资，占甲方增资后总注册资本的3.85%，丙方占96.15%。依据本协议内容，丙方与乙方签订合营企业合同及修订公司章程，并于合营企业合同及修订后的章程批准之日起10日内一次性将认缴的增资款汇入甲方指定的账户。合营企业合同及修订后的章程，在报经政府主管部门批准后生效。乙方在履行出资义务时，丁方承诺于2007年12月31日前将四川省峨边县五渡牛岗铅锌矿过户至甲方名下。本次募集的资金主要用于以下项目：①收购甘肃省境内的一个年产能大于1.5万吨的锌冶炼厂；②开发四川省峨边县牛岗矿山；③投入500万元用于循环冶炼技术研究。第七条特别约定第一项：本协议签订后，甲方应尽快成立"公司改制上市工作小组"，着手筹备安排公司改制上市的前期准备工作，工作小组成员由股东代表和主要经营管理人员组成。本协议各方应在条件具备时将公司改组成规范的股份有限公司，并争取在境内证券交易所发行上市。第二项业绩目标约定：甲方2008年净利润不低于3000万元人民币。如果甲方2008年实际净利润完不成3000万元，乙方有权要求甲方予以补偿，如果甲方未能履行补偿义务，乙方有权要求丙方履行补偿义务。补偿金额＝（1－2008年实际净利润/3000万元）×本次投资金额。第四项股权回购约定：如果至2010年10月20日，由于甲方原因而无法完成上市，则乙方有权在任一时刻要求丙方回购届时乙方持有之甲方的全部股权，丙方应自收到乙方书面通知之日起180日内按以下约定回购金额向乙方一次性支付全部价款。若自2008年1月1日起，甲方的净资产年化收益率超过10%，则丙方回购金额为乙方所持甲方股份对应的所有者权益账面价值；若自 2008 年 1 月 1 日起，甲方的净资产年化收益率低于 10%，则丙方回购金额为（乙方的原始投资金额 - 补偿金额）×（1 + 10% × 投资天数/360）。此外，还规定了信息披露约定、违约责任等，同时约定该协议自各方授权代表签字并加盖公章，于签署之日起生效。协议未作规定或约定不详之事宜，应参照经修改后的甲方章程及股东间的投资合同（若有）办理。

2007 年 11 月 1 日，海富公司作为甲方、迪亚公司作为乙方签订《中外合资经营甘肃众星锌业有限公司合同》（以下简称《合资经营合同》），有关约定为：众星公司增资扩股将注册资本增加至 399.38 万美元，甲方决定受让部分股权，将众星公司由外资企业变更为中外合资经营企业。在合资公司的设立部分约定，合资各方以其各自认缴的合资公司注册资本出资额或者提供的合资条件为限对合资公司承担责任。甲方出资 15.38 万美元，占注册资本的 3.85%；乙方出资 384 万美元，占注册资本的 96.15%。甲方应于本合同生效后十日内一次性向合资公司缴付人民币 2000 万元，超过其认缴的合资公司注册资本的部分，计入合资公司资本公积金。在第六十八条、第六十九条关于合资公司利润分配部分约定：合资公司依法缴纳所得税和提取各项基金后的利润，按合资方各持股比例进行分配。合资公司上一个会计年度亏损未弥补前不得分配利润。上一个会计年度未分配的利润，可并入本会计年度利润分配。合同还规定了合资公司合资期限、解散和清算事宜，并特别约定：合资公司完成变更后，应尽快成立"公司改制上市工作小组"，着手筹备安排公司改制上市的前期准备工作，工作小组成员由股东代表和主要经营管理人员组成。合资公司应在条件具备时改组设立为股份有限公司，并争取在境内证券交易所发行上市。如果至 2010 年 10 月 20 日，合资公司由于自身原因而无法完成上市，则甲方有权在任一时刻要求乙方回购届时甲方持有的合资公司的全部股权。合同于审批机关批准之日起生效。《中外合资经营甘肃众星锌业有限公司章程》（以下简称《公司章程》）第六十二条、第六十三条与《合资经营合同》第六十八条、第六十九条内容相同。之后，海富公司依约于 2007 年 11 月 2 日缴存众星公司银行账户人民币 2000 万元，其中新增注册资本 114.7717 万元、资本公积金 1885.2283 万元。2008 年 2 月 29 日，甘肃省商务厅甘商外资字〔2008〕79 号文件《关于甘肃众星锌业有限公司增资及股权变更的批复》同意增资及股权变更，并批准"投资双方于 2007 年 11 月 1 日签订的增资协议、合资企业合营合同和章程自即日起生效"。随后，众星公司依据该批复办理了相应的工商变更登记。2009 年 6 月，众星公司经甘肃省商务厅批准，到工商部门办理了名称及经营范围变更登记手续，名称变更为甘肃世恒有色资源再利用有限公司。另据工商年检报告登记记载，众星公司 2008 年度生产经营利润总额为 26858.13 元，净利润为 26858.13 元。

2009 年 12 月，海富公司向原审法院提起诉讼，请求判令：世恒公司、迪亚公司、陆波向其支付协议补偿款1998.2095万元并承担本案诉讼费及其他费用。

原审法院认为，根据双方的诉辩意见，案件的争议焦点为：①《增资协议书》第七条第（二）项内容是否具有法律效力；②《增资协议书》第七条第（二）项内容如果有效，世恒公司、迪亚公司、陆波应否承担补偿责任。

双方当事人为达到融资、投资目的而签订《增资协议书》，本案是因履行该协议条款而引起的诉争，涉及对《增资协议书》条款法律效力的认定，因此，该协议条款内容不得违反《中华人民共和国合同法》第五十二条的规定。同时，《增资协议书》条款内容涉及合资经营企业世恒公司，也要符合《中华人民共和国公司法》及《中华人民共和国中外合资经营企业法》等相关法律、法规的规定。经审查，《增资协议书》系双方真实意思表示，但第七条第（二）项内容即有关世恒公司2008年实际净利润完不成3000万元，海富公司有权要求世恒公司补偿的约定，不符合《中华人民共和国中外合资经营企业法》第八条关于企业净利润根据合营各方注册资本的比例进行分配的规定。同时，该条规定与《公司章程》的有关条款不一致，也损害了公司利益及公司债权人的利益，不符合《中华人民共和国公司法》第二十条第一款的规定。因此，根据《中华人民共和国合同法》第五十二条第（五）项的规定，该条由世恒公司对海富公司承担补偿责任的约定违反了法律、行政法规的强制性规定，该约定无效，故海富公司依据该条款要求世恒公司承担补偿责任的诉请，依法不能支持。由于海富公司要求世恒公司承担补偿责任的约定无效，因此，海富公司要求世恒公司承担补偿责任失去了前提依据。同时，《增资协议书》第七条第（二）项内容与《合资经营合同》中相关约定内容不一致，依据《中华人民共和国中外合资经营企业法实施条例》第十条第二款的规定，应以《合资经营合同》内容为准，故海富公司要求迪亚公司承担补偿责任的依据不足，依法不予支持。陆波虽是世恒公司的法定代表人，但其在世恒公司的行为代表的是公司行为及利益，并且《增资协议书》第七条第（二）项内容中并没有关于由陆波个人承担补偿义务的约定，故海富公司要求陆波个人承担补偿责任的诉请无合同及法律依据，依法应予驳回。至于陆波未按照承诺在2007年12月31日前将四川省峨边县五渡牛岗铅锌矿过户至世恒公司名下，涉及对世恒公司及其股东的违约问题，不能成为本案陆波承担补偿责任的理由。

综上，海富公司的诉请依法不能支持，世恒公司、迪亚公司、陆波不承担补偿责任的抗辩理由成立。该院依照《中华人民共和国合同法》第五十二条第（五）项，《中华人民共和国公司法》第六条第二款、第二十条第一款，《中华人民共和国中外合资经营企业法》第二条第一款和第二款、第三条，以及《中华人民共和国中外合资经营企业法实施条例》第十条第二款之规定判决驳回海富公司的全部诉讼请求。案件受理费155612.30元、财产保全费5000元、法院邮寄费 700 元，合计 161312.30 元，均由海富公司承担。

海富公司不服原审法院上述民事判决，向本院提起上诉，内容如下。一审判决认定事实不清。其一，《增资协议书》第七条第（二）项是针对世恒公司不能完成净利润目标应承担何种责任的约定，该约定虽与企业净利润有关，但绝非合营企业利润分配的约定，一审判决认定此条款系对合营企业利润分配的约定，属于认定事实不清。其二，《增资协议书》与《公司章程》和《合资经营合同》不是针对同一种法律关系而前后形成的文件。《增资协议书》仅是名义上的"增资协议"，其内容实际上是关于众星公司募集资金进行公司股份制改造上市的一揽子协议书，并非《中外合资经营企业法实施条例》所指合营企业协议，从主体上来讲，《合资经营合同》是海富公司与迪亚公司签署的，《增资协议书》却是四方签署的，一审判决将《增资协议书》等同为法律规定的合营企业协议，并进而认为《增资协议书》与《合资经营合同》有抵触属于认定法律事实不清。②一审判决认定法律关系错误。其一，《增资协议书》第七条第（二）项的约定是四方当事人的真实意思表示。其实质为四方当事人关于募集资金进行股份制改造进而上市的文件，并非为了增资一种法律关系而设立，其包含了一系列的法律关系，但都指向公司最终上市的目标，是除对增资外，上诉人投资行为的约定和保障条款，未损害被上诉人的权益。其二，《增资协议书》第七条第（二）项的约定符合等价有偿的合同法原则，不存在权利义务失衡、有失公正等情形。上诉人以支付 20 倍的股权溢价形式向世恒公司投资，这种投资模式本身有别于普通的股权增资，体现的是一种高风险投资，其最终追求的目标是被上诉人上市后上诉人作为原始股东因股价增长而获益。其三，所谓保底条款，一般是指投资方无论融资方经营的结果亏盈，都有权收回出资和收取固定利润的条款。结合本案及《增资协议书》第七条第（二）项并对照保底条款的法律概念，《增资协议书》第七条的特别约定并非司法实践中的"保底条款"。③一审判决适用法律明显错误。其一，一审判决援引《中华人民共和国中外合资经营企业法》第八条等条款进行判决，属于适用法律错误。《增资协议书》第七条第（二）项的约定，不是关于"增资"的约定，而是关于"溢价"款未能按照约定的特定用途进行投资造成公司无法完成上市前期的企业业绩目标而应当承担责任的约定，《中华人民共和国公司法》并没有禁止公司不可以对向公司投资的股东承担责任的条款，所以《增资协议书》第七条第（二）项的约定是合法有效的。综上，海富公司向二审法院提出以下请求：①撤销一审判决，支持其诉讼请求；②本案一审和二审诉讼费用、保全费、邮寄费及其他相关费用由被上诉人承担。

世恒公司、迪亚公司、陆波共同答辩，内容如下。①一审判决认定《增资协议书》第七条第（二）项的内容无效，符合《中华人民共和国合同法》第五十二条的规定，适用法律正确。《增资协议书》第七条第（二）项的内容违反

《中华人民共和国公司法》第二十条第一款的强制性规范，属海富公司滥用股东地位，为公司设定债务，损害世恒公司合法权益的条款，并且违反《中华人民共和国中外合资经营企业法》及《中华人民共和国中外合资经营企业法实施条例》关于合资企业利润分配的强制性规定，实为不分担公司任何经营风险，固定地获取巨额收益，明显属于"保底条款"，以合法形式掩盖非法目的，因此，应依法确认无效。该《增资协议书》虽然经甘肃省商务厅审查批准生效，但是，依照最高人民法院《关于审理外商投资企业纠纷若干问题的规定》（一）第三条的规定，一审法院可以确认无效，不受审批机关审批的影响。②《增资协议书》第七条第（二）项实际已不复存在，海富公司以此为依据向被上诉人主张权利，系滥用诉权，其上诉请求不能成立。《增资协议书》订立后，海富公司与迪亚公司订立了《合资经营合同》与《公司章程》，并经甘肃省商务厅批准，世恒公司由迪亚公司独资的公司变更为双方合资的有限公司。双方依照《中华人民共和国中外合资经营企业法》以及《中华人民共和国中外合资经营企业法实施条例》的规定，在《合资经营合同》及《公司章程》中明确约定合资企业的利润按出资比例分配，上一年度亏损未得到弥补前不得分配利润。海富公司与迪亚公司形成了合资经营的法律关系，《增资协议书》第七条第（二）项的约定已变更，被《合资经营合同》及《公司章程》相关约定所取代，双方应按上述法律规定分担经营风险，海富公司再以《增资协议书》第七条第（二）项要求利润补偿款没有依据。《中华人民共和国中外合资经营企业法实施条例》第十条第二款规定：合营企业协议与合营企业合同有抵触时，以合营合同为准。《增资协议书》第七条第（二）项的内容与《合资经营合同》《公司章程》上述内容明显存在实质性的抵触和冲突，《增资协议书》第七条第（二）项对各方已不具有法律约束力。海富公司以此主张权利，显然没有依据。③海富公司主张陆波承担连带责任没有任何根据。陆波个人依《合资经营合同》及《公司章程》规定，履行公司法定代表人职责，属于公司职务行为。而且，《增资协议书》《合资经营合同》《公司章程》都没有为陆波个人设立权利义务。故海富公司要求陆波个人承担连带责任没有合同和法律依据。综上，海富公司的上诉请求不能成立，请求二审法院驳回上诉，维持原判。

本院对原审法院查明的事实予以确认。

本院认为，根据最高人民法院司法解释，涉港民事纠纷参照涉外程序进行审理，故涉港合同的当事人可以选择处理合同争议所适用的法律，但本案当事人在发生争议之前或之后均未做出选择，因此应当根据最密切联系原则确定本案应适用的法律。由于本案所涉《增资协议书》的签订地、履行地均在内地，根据上述原则，本案应以中华人民共和国法律作为处理争议的准据法。

根据当事人的诉辩主张以及庭审质证意见，本案争议焦点为《增资协议书》第七条第（二）项是否具有法律效力。本案中，海富公司与世恒公司、迪亚公司、陆波四方签订的协议书虽名为《增资协议书》，但纵观该协议书全部内容，海富公司支付 2000 万元的目的并非仅享有世恒公司 3.85% 的股权（计 15.38 万美元，折合人民币 114.771 万元），期望世恒公司经股份制改造并成功上市后，获取增值的股权价值才是其缔结协议书并出资的核心目的。基于上述投资目的，海富公司等四方当事人在《增资协议书》第七条第（二）项就业绩目标进行了约定，即"世恒公司 2008 年净利润不低于 3000 万元人民币。如果世恒公司 2008 年实际净利润完不成 3000 万元，海富公司有权要求世恒公司予以补偿，如果世恒公司未能履行补偿义务，海富公司有权要求迪亚公司履行补偿义务。补偿金额＝（1－2008 年实际净利润/3000 万元）×本次投资金额"。对于四方当事人就世恒公司 2008 年净利润不低于 3000 万元人民币的约定，因该约定仅对目标企业盈利能力提出要求，并未涉及具体分配事宜，且约定利润如实现，世恒公司及其股东均能依据《中华人民共和国公司法》《合资经营合同》《公司章程》等相关规定获得各自相应的收益，也有助于债权人利益的实现，故并不违反法律规定。而四方当事人就世恒公司 2008 年实际净利润完不成 3000 万元，海富公司有权要求世恒公司及迪亚公司以一定方式予以补偿的约定，则违反了投资领域风险共担的原则，使得海富公司作为投资者不论世恒公司经营业绩如何，均能取得约定收益而不承担任何风险。参照《最高人民法院关于审理联营合同纠纷案件若干问题的解答》第四条第二项关于"企业法人、事业法人作为联营一方向联营体投资，但不参加共同经营，也不承担联营的风险责任，不论盈亏均按期收回本息，或者按期收取固定利润的，是名为联营，实为借贷，违反了有关金融法规，应当确认合同无效"之规定，《增资协议书》第七条第（二）项该部分约定内容因违反《中华人民共和国合同法》第五十二条第（五）项之规定，应认定无效。海富公司除已计入世恒公司注册资本的114.771万元外，其余1885.2283万元资金性质应名为投资，实为借贷。虽然世恒公司与迪亚公司的补偿承诺亦归于无效，但海富公司基于对其承诺的合理信赖而缔约，故世恒公司、迪亚公司对无效的法律后果应负主要过错责任。根据《中华人民共和国合同法》第五十八条之规定，世恒公司与迪亚公司应共同返还海富公司1885.2283万元及占用期间的利息，因海富公司对无效的法律后果亦有一定过错，如按同期银行贷款利率支付利息则不能体现其应承担的过错责任，故世恒公司与迪亚公司应按同期银行定期存款利率计付利息。

因陆波个人并未就《增资协议书》第七条第（二）项所涉补偿问题向海富公司做出过承诺，且其是否于2007年12月31日前将四川省峨边县五渡牛岗铅锌矿过户至世恒公司名下与本案不属同一法律关系，故海富公司要求陆波承担补偿责任的诉请无事实及法律依据，本院依法不予支持。

关于世恒公司、迪亚公司、陆波在答辩中称《增资协议书》已被之后由海富公司与迪亚公司签订的《合资经营合同》所取代，《增资协议书》第七条第（二）项对各方已不具有法律约束力的主张，因《增资协议书》与《合资经营合同》缔约主体不同，各自约定的权利义务也不一致，且 2008 年 2 月 29 日，在甘肃省商务厅甘商外资字〔2008〕79 号《关于甘肃众星锌业有限公司增资及股权变更的批复》第二条中明确载明"投资双方 2007 年 11 月 1 日签订的增资协议、合资企业合营合同和章程从即日起生效"，故其抗辩主张本院不予支持。

综上，原审判决认定部分事实不清，导致部分适用法律不当，应予纠正。依照《中华人民共和国民事诉讼法》第一百五十三条第（二）项、第（三）项以及第一百五十八条之规定，判决如下。

（1）撤销兰州市中级人民法院〔2010〕兰法民三初字第 71 号民事判决主文。

（2）甘肃世恒有色资源再利用有限公司、香港迪亚有限公司于本判决生效后 30 日内共同返还苏州工业园区海富投资有限公司 1885.2283 万元及利息（自 2007 年 11 月 3 日起至付清之日止按照中国人民银行同期银行定期存款利率计算）。

如果未按本判决指定的期间履行给付金钱义务，应当依照《中华人民共和国民事诉讼法》第二百二十九条之规定，加倍支付迟延履行期间的债务利息。

一审案件受理费 155612.30 元、财产保全费 5000 元、法院邮寄费 700 元，二审案件受理费 155612.30 元，合计 316924.60 元，由甘肃世恒有色资源再利用有限公司负担

200000元、苏州工业园区海富投资有限公司负担116924.60元。

本判决为终审判决。

审判长　尹秉文

代理审判员　唐志明

代理审判员　周雷

二〇一一年九月二十九日

书记员　张伟

## 附录2　中华人民共和国公司法[①]

（1993年12月29日第八届全国人民代表大会常务委员会第五次会议通过，根据1999年12月25日第九届全国人民代表大会常务委员会第十三次会议《关于修改〈中华人

---

① 2014年，十二届全国人大常委会第六次会议审议并通过了《公司法修正案（草案）》，修改了现行《公司法》的12个条款。对《公司法》所做的修改，自2014年3月1日起施行。修改内容如下。

（一）删去第七条第二款中的"实收资本"。

（二）将第二十三条第二项修改为："（二）有符合公司章程规定的全体股东认缴的出资额。"

（三）将第二十六条修改为："有限责任公司的注册资本为在公司登记机关登记的全体股东认缴的出资额。""法律、行政法规以及国务院决定对有限责任公司注册资本实缴、注册资本最低限额另有规定的，从其规定。"

（四）删去第二十七条第三款。

（五）删去第二十九条。　　　　　　　　　　　　（转下页注）

民共和国公司法〉的决定》第一次修正，根据 2004 年 8 月 28 日第十届全国人民代表大会常务委员会第十一次会议《关于修改〈中华人民共和国公司法〉的决定》第二次修正，2005 年 10 月 27 日第十届全国人民代表大会常务委员会第十八次会议修订）

## 第一章　总　则

**第一条**　为了规范公司的组织和行为，保护公司、股东和债权人的合法权益，维护社会经济秩序，促进社会主

---

(接上页注①)（六）将第三十条改为第二十九条，修改为："股东认足公司章程规定的出资后，由全体股东指定的代表或者共同委托的代理人向公司登记机关报送公司登记申请书、公司章程等文件，申请设立登记。"

（七）删去第三十三条第三款中的"及其出资额"。

（八）删去第五十九条第一款。

（九）将第七十七条改为第七十六条，并将第二项修改为："（二）有符合公司章程规定的全体发起人认购的股本总额或者募集的实收股本总额"。

（十）将第八十一条改为第八十条，并将第一款修改为："股份有限公司采取发起设立方式设立的，注册资本为在公司登记机关登记的全体发起人认购的股本总额。在发起人认购的股份缴足前，不得向他人募集股份。"第三款修改为："法律、行政法规以及国务院决定对股份有限公司注册资本实缴、注册资本最低限额另有规定的，从其规定。"

（十一）将第八十四条改为第八十三条，并将第一款修改为："以发起设立方式设立股份有限公司的，发起人应当书面认足公司章程规定其认购的股份，并按照公司章程规定缴纳出资。以非货币财产出资的，应当依法办理其财产权的转移手续。"第三　（转下页注）

义市场经济的发展，制定本法。

**第二条** 本法所称公司是指依照本法在中国境内设立的有限责任公司和股份有限公司。

**第三条** 公司是企业法人，有独立的法人财产，享有法人财产权。公司以其全部财产对公司的债务承担责任。

有限责任公司的股东以其认缴的出资额为限对公司承担责任；股份有限公司的股东以其认购的股份为限对公司承担责任。

**第四条** 公司股东依法享有资产收益、参与重大决策和选择管理者等权利。

---

(接上页注①)款修改为："发起人认足公司章程规定的出资后，应当选举董事会和监事会，由董事会向公司登记机关报送公司章程以及法律、行政法规规定的其他文件，申请设立登记。"

（十二）删去第一百七十八条第三款。

此外，对条文顺序做了相应调整。

此次《公司法》修订主要涉及三个方面。第一，将注册资本实缴登记制改为认缴登记制。也就是说，除法律、行政法规以及国务院决定对公司注册资本实缴有另行规定的以外，取消了关于公司股东（发起人）应自公司成立之日起两年内缴足出资，投资公司在五年内缴足出资的规定；取消了一人有限责任公司股东应一次足额缴纳出资的规定。转而采取公司股东（发起人）自主约定认缴出资额、出资方式、出资期限等，并记载于公司章程的方式。第二，放宽注册资本登记条件。除对公司注册资本最低限额有另行规定的以外，取消了有限责任公司、一人有限责任公司、股份有限公司最低注册资本分别应达3万元、10万元、500万元的限制；不再限制公司设立时股东（发起人）的首次出资比例以及货币出资比例。第三，简化登记事项和登记文件。有限责任公司股东认缴出资额、公司实收资本不再作为登记事项。公司登记时，不需要提交验资报告。

**第五条** 公司从事经营活动，必须遵守法律、行政法规，遵守社会公德、商业道德，诚实守信，接受政府和社会公众的监督，承担社会责任。

公司的合法权益受法律保护，不受侵犯。

**第六条** 设立公司，应当依法向公司登记机关申请设立登记。符合本法规定的设立条件的，由公司登记机关分别登记为有限责任公司或者股份有限公司；不符合本法规定的设立条件的，不得登记为有限责任公司或者股份有限公司。

法律、行政法规规定设立公司必须报经批准的，应当在公司登记前依法办理批准手续。

公众可以向公司登记机关申请查询公司登记事项，公司登记机关应当提供查询服务。

**第七条** 依法设立的公司，由公司登记机关发给公司营业执照。公司营业执照签发日期为公司成立日期。

公司营业执照应当载明公司的名称、住所、注册资本、实收资本、经营范围、法定代表人姓名等事项。

公司营业执照记载的事项发生变更的，公司应当依法办理变更登记，由公司登记机关换发营业执照。

**第八条** 依照本法设立的有限责任公司，必须在公司名称中标明有限责任公司或者有限公司字样。

依照本法设立的股份有限公司，必须在公司名称中标明股份有限公司或者股份公司字样。

**第九条** 有限责任公司变更为股份有限公司，应当符合本法规定的股份有限公司的条件。股份有限公司变更为有限责任公司，应当符合本法规定的有限责任公司的条件。

有限责任公司变更为股份有限公司的，或者股份有限公司变更为有限责任公司的，公司变更前的债权、债务由变更后的公司承继。

**第十条** 公司以其主要办事机构所在地为住所。

**第十一条** 设立公司必须依法制定公司章程。公司章程对公司、股东、董事、监事、高级管理人员具有约束力。

**第十二条** 公司的经营范围由公司章程规定，并依法登记。公司可以修改公司章程，改变经营范围，但是应当办理变更登记。

公司的经营范围中属于法律、行政法规规定须经批准的项目，应当依法经过批准。

**第十三条** 公司法定代表人依照公司章程的规定，由董事长、执行董事或者经理担任，并依法登记。公司法定代表人变更，应当办理变更登记。

**第十四条** 公司可以设立分公司。设立分公司，应当向公司登记机关申请登记，领取营业执照。分公司不具有法人资格，其民事责任由公司承担。

公司可以设立子公司，子公司具有法人资格，依法独立承担民事责任。

**第十五条** 公司可以向其他企业投资；但是，除法律另有规定外，不得成为对所投资企业的债务承担连带责任的出资人。

**第十六条** 公司向其他企业投资或者为他人提供担保，依照公司章程的规定，由董事会或者股东会、股东大会决议；公司章程对投资或者担保的总额及单项投资或者担保的数额有限额规定的，不得超过规定的限额。

公司为公司股东或者实际控制人提供担保的，必须经股东会或者股东大会决议。

前款规定的股东或者受前款规定的实际控制人支配的股东，不得参加前款规定事项的表决。该项表决由出席会议的其他股东所持表决权的过半数通过。

**第十七条** 公司必须保护职工的合法权益，依法与职工签订劳动合同，参加社会保险，加强劳动保护，实现安全生产。

公司应当采用多种形式，加强公司职工的职业教育和岗位培训，提高职工素质。

**第十八条** 公司职工依照《中华人民共和国工会法》组织工会，开展工会活动，维护职工合法权益。公司应当为本公司工会提供必要的活动条件。公司工会代表职工就职工的劳动报酬、工作时间、福利、保险和劳动安全卫生等事项依法与公司签订集体合同。

公司依照宪法和有关法律的规定，通过职工代表大会或者其他形式，实行民主管理。

公司研究决定改制以及经营方面的重大问题、制定重要的规章制度时，应当听取公司工会的意见，并通过职工代表大会或者其他形式听取职工的意见和建议。

**第十九条** 在公司中,根据中国共产党章程的规定,设立中国共产党的组织,开展党的活动。公司应当为党组织的活动提供必要条件。

**第二十条** 公司股东应当遵守法律、行政法规和公司章程,依法行使股东权利,不得滥用股东权利损害公司或者其他股东的利益;不得滥用公司法人独立地位和股东有限责任损害公司债权人的利益。

公司股东滥用股东权利给公司或者其他股东造成损失的,应当依法承担赔偿责任。

公司股东滥用公司法人独立地位和股东有限责任,逃避债务,严重损害公司债权人利益的,应当对公司债务承担连带责任。

**第二十一条** 公司的控股股东、实际控制人、董事、监事、高级管理人员不得利用其关联关系损害公司利益。

违反前款规定,给公司造成损失的,应当承担赔偿责任。

**第二十二条** 公司股东会或者股东大会、董事会的决议内容违反法律、行政法规的无效。

股东会或者股东大会、董事会的会议召集程序、表决方式违反法律、行政法规或者公司章程,或者决议内容违反公司章程的,股东可以自决议作出之日起六十日内,请求人民法院撤销。

股东依照前款规定提起诉讼的,人民法院可以应公司的请求,要求股东提供相应担保。

公司根据股东会或者股东大会、董事会决议已办理变更登记的，人民法院宣告该决议无效或者撤销该决议后，公司应当向公司登记机关申请撤销变更登记。

## 第二章　有限责任公司的设立和组织机构

### 第一节　设立

**第二十三条**　设立有限责任公司，应当具备下列条件：

（一）股东符合法定人数；

（二）股东出资达到法定资本最低限额；

（三）股东共同制定公司章程；

（四）有公司名称，建立符合有限责任公司要求的组织机构；

（五）有公司住所。

**第二十四条**　有限责任公司由五十个以下股东出资设立。

**第二十五条**　有限责任公司章程应当载明下列事项：

（一）公司名称和住所；

（二）公司经营范围；

（三）公司注册资本；

（四）股东的姓名或者名称；

（五）股东的出资方式、出资额和出资时间；

（六）公司的机构及其产生办法、职权、议事规则；

（七）公司法定代表人；

（八）股东会会议认为需要规定的其他事项。

股东应当在公司章程上签名、盖章。

**第二十六条** 有限责任公司的注册资本为在公司登记机关登记的全体股东认缴的出资额。公司全体股东的首次出资额不得低于注册资本的百分之二十,也不得低于法定的注册资本最低限额,其余部分由股东自公司成立之日起两年内缴足;其中,投资公司可以在五年内缴足。

有限责任公司注册资本的最低限额为人民币三万元。法律、行政法规对有限责任公司注册资本的最低限额有较高规定的,从其规定。

**第二十七条** 股东可以用货币出资,也可以用实物、知识产权、土地使用权等可以用货币估价并可以依法转让的非货币财产作价出资;但是,法律、行政法规规定不得作为出资的财产除外。

对作为出资的非货币财产应当评估作价,核实财产,不得高估或者低估作价。法律、行政法规对评估作价有规定的,从其规定。

全体股东的货币出资金额不得低于有限责任公司注册资本的百分之三十。

**第二十八条** 股东应当按期足额缴纳公司章程中规定的各自所认缴的出资额。股东以货币出资的,应当将货币出资足额存入有限责任公司在银行开设的账户;以非货币财产出资的,应当依法办理其财产权的转移手续。

股东不按照前款规定缴纳出资的,除应当向公司足额缴纳外,还应当向已按期足额缴纳出资的股东承担违约责任。

第二十九条 股东缴纳出资后，必须经依法设立的验资机构验资并出具证明。

第三十条 股东的首次出资经依法设立的验资机构验资后，由全体股东指定的代表或者共同委托的代理人向公司登记机关报送公司登记申请书、公司章程、验资证明等文件，申请设立登记。

第三十一条 有限责任公司成立后，发现作为设立公司出资的非货币财产的实际价额显著低于公司章程所定价额的，应当由交付该出资的股东补足其差额；公司设立时的其他股东承担连带责任。

第三十二条 有限责任公司成立后，应当向股东签发出资证明书。

出资证明书应当载明下列事项：

（一）公司名称；

（二）公司成立日期；

（三）公司注册资本；

（四）股东的姓名或者名称、缴纳的出资额和出资日期；

（五）出资证明书的编号和核发日期。

出资证明书由公司盖章。

第三十三条 有限责任公司应当置备股东名册，记载下列事项：

（一）股东的姓名或者名称及住所；

（二）股东的出资额；

（三）出资证明书编号。

记载于股东名册的股东，可以依股东名册主张行使股东权利。

公司应当将股东的姓名或者名称及其出资额向公司登记机关登记；登记事项发生变更的，应当办理变更登记。未经登记或者变更登记的，不得对抗第三人。

第三十四条　股东有权查阅、复制公司章程、股东会会议记录、董事会会议决议、监事会会议决议和财务会计报告。

股东可以要求查阅公司会计账簿。股东要求查阅公司会计账簿的，应当向公司提出书面请求，说明目的。公司有合理根据认为股东查阅会计账簿有不正当目的，可能损害公司合法利益的，可以拒绝提供查阅，并应当自股东提出书面请求之日起十五日内书面答复股东并说明理由。公司拒绝提供查阅的，股东可以请求人民法院要求公司提供查阅。

第三十五条　股东按照实缴的出资比例分取红利；公司新增资本时，股东有权优先按照实缴的出资比例认缴出资。但是，全体股东约定不按照出资比例分取红利或者不按照出资比例优先认缴出资的除外。

第三十六条　公司成立后，股东不得抽逃出资。

## 第二节　组织机构

第三十七条　有限责任公司股东会由全体股东组成。

股东会是公司的权力机构,依照本法行使职权。

第三十八条　股东会行使下列职权:

(一)决定公司的经营方针和投资计划;

(二)选举和更换非由职工代表担任的董事、监事,决定有关董事、监事的报酬事项;

(三)审议批准董事会的报告;

(四)审议批准监事会或者监事的报告;

(五)审议批准公司的年度财务预算方案、决算方案;

(六)审议批准公司的利润分配方案和弥补亏损方案;

(七)对公司增加或者减少注册资本作出决议;

(八)对发行公司债券作出决议;

(九)对公司合并、分立、解散、清算或者变更公司形式作出决议;

(十)修改公司章程;

(十一)公司章程规定的其他职权。

对前款所列事项股东以书面形式一致表示同意的,可以不召开股东会会议,直接作出决定,并由全体股东在决定文件上签名、盖章。

第三十九条　首次股东会会议由出资最多的股东召集和主持,依照本法规定行使职权。

第四十条　股东会会议分为定期会议和临时会议。

定期会议应当依照公司章程的规定按时召开。代表十分之一以上表决权的股东,三分之一以上的董事,监事会或者不设监事会的公司的监事提议召开临时会议的,应当召开临时会议。

**第四十一条** 有限责任公司设立董事会的，股东会会议由董事会召集，董事长主持；董事长不能履行职务或者不履行职务的，由副董事长主持；副董事长不能履行职务或者不履行职务的，由半数以上董事共同推举一名董事主持。

有限责任公司不设董事会的，股东会会议由执行董事召集和主持。

董事会或者执行董事不能履行或者不履行召集股东会会议职责的，由监事会或者不设监事会的公司的监事召集和主持；监事会或者监事不召集和主持的，代表十分之一以上表决权的股东可以自行召集和主持。

**第四十二条** 召开股东会会议，应当于会议召开十五日前通知全体股东；但是，公司章程另有规定或者全体股东另有约定的除外。

股东会应当对所议事项的决定作成会议记录，出席会议的股东应当在会议记录上签名。

**第四十三条** 股东会会议由股东按照出资比例行使表决权；但是，公司章程另有规定的除外。

**第四十四条** 股东会的议事方式和表决程序，除本法有规定的外，由公司章程规定。

股东会会议作出修改公司章程、增加或者减少注册资本的决议，以及公司合并、分立、解散或者变更公司形式的决议，必须经代表三分之二以上表决权的股东通过。

**第四十五条** 有限责任公司设董事会,其成员为三人至十三人;但是,本法第五十一条另有规定的除外。

两个以上的国有企业或者两个以上的其他国有投资主体投资设立的有限责任公司,其董事会成员中应当有公司职工代表;其他有限责任公司董事会成员中可以有公司职工代表。董事会中的职工代表由公司职工通过职工代表大会、职工大会或者其他形式民主选举产生。

董事会设董事长一人,可以设副董事长。董事长、副董事长的产生办法由公司章程规定。

**第四十六条** 董事任期由公司章程规定,但每届任期不得超过三年。董事任期届满,连选可以连任。

董事任期届满未及时改选,或者董事在任期内辞职导致董事会成员低于法定人数的,在改选出的董事就任前,原董事仍应当依照法律、行政法规和公司章程的规定,履行董事职务。

**第四十七条** 董事会对股东会负责,行使下列职权:

(一)召集股东会会议,并向股东会报告工作;

(二)执行股东会的决议;

(三)决定公司的经营计划和投资方案;

(四)制订公司的年度财务预算方案、决算方案;

(五)制订公司的利润分配方案和弥补亏损方案;

(六)制订公司增加或者减少注册资本以及发行公司债券的方案;

(七)制订公司合并、分立、解散或者变更公司形式的方案；

（八）决定公司内部管理机构的设置；

（九）决定聘任或者解聘公司经理及其报酬事项，并根据经理的提名决定聘任或者解聘公司副经理、财务负责人及其报酬事项；

（十）制定公司的基本管理制度；

（十一）公司章程规定的其他职权。

**第四十八条** 董事会会议由董事长召集和主持；董事长不能履行职务或者不履行职务的，由副董事长召集和主持；副董事长不能履行职务或者不履行职务的，由半数以上董事共同推举一名董事召集和主持。

**第四十九条** 董事会的议事方式和表决程序，除本法有规定的外，由公司章程规定。

董事会应当对所议事项的决定作成会议记录，出席会议的董事应当在会议记录上签名。

董事会决议的表决，实行一人一票。

**第五十条** 有限责任公司可以设经理，由董事会决定聘任或者解聘。经理对董事会负责，行使下列职权：

（一）主持公司的生产经营管理工作，组织实施董事会决议；

（二）组织实施公司年度经营计划和投资方案；

（三）拟订公司内部管理机构设置方案；

（四）拟订公司的基本管理制度；

（五）制定公司的具体规章；

（六）提请聘任或者解聘公司副经理、财务负责人；

（七）决定聘任或者解聘除应由董事会决定聘任或者解聘以外的负责管理人员；

（八）董事会授予的其他职权。

公司章程对经理职权另有规定的，从其规定。

经理列席董事会会议。

第五十一条　股东人数较少或者规模较小的有限责任公司，可以设一名执行董事，不设董事会。执行董事可以兼任公司经理。

执行董事的职权由公司章程规定。

第五十二条　有限责任公司设监事会，其成员不得少于三人。股东人数较少或者规模较小的有限责任公司，可以设一至二名监事，不设监事会。

监事会应当包括股东代表和适当比例的公司职工代表，其中职工代表的比例不得低于三分之一，具体比例由公司章程规定。监事会中的职工代表由公司职工通过职工代表大会、职工大会或者其他形式民主选举产生。

监事会设主席一人，由全体监事过半数选举产生。监事会主席召集和主持监事会会议；监事会主席不能履行职务或者不履行职务的，由半数以上监事共同推举一名监事召集和主持监事会会议。

董事、高级管理人员不得兼任监事。

第五十三条　监事的任期每届为三年。监事任期届满，连选可以连任。

监事任期届满未及时改选，或者监事在任期内辞职导致监事会成员低于法定人数的，在改选出的监事就任前，原监事仍应当依照法律、行政法规和公司章程的规定，履行监事职务。

**第五十四条** 监事会、不设监事会的公司的监事行使下列职权：

（一）检查公司财务；

（二）对董事、高级管理人员执行公司职务的行为进行监督，对违反法律、行政法规、公司章程或者股东会决议的董事、高级管理人员提出罢免的建议；

（三）当董事、高级管理人员的行为损害公司的利益时，要求董事、高级管理人员予以纠正；

（四）提议召开临时股东会会议，在董事会不履行本法规定的召集和主持股东会会议职责时召集和主持股东会会议；

（五）向股东会会议提出提案；

（六）依照本法第一百五十二条的规定，对董事、高级管理人员提起诉讼；

（七）公司章程规定的其他职权。

**第五十五条** 监事可以列席董事会会议，并对董事会决议事项提出质询或者建议。

监事会、不设监事会的公司的监事发现公司经营情况异常，可以进行调查；必要时，可以聘请会计师事务所等协助其工作，费用由公司承担。

第五十六条　监事会每年度至少召开一次会议，监事可以提议召开临时监事会会议。

监事会的议事方式和表决程序，除本法有规定的外，由公司章程规定。

监事会决议应当经半数以上监事通过。

监事会应当对所议事项的决定作成会议记录，出席会议的监事应当在会议记录上签名。

第五十七条　监事会、不设监事会的公司的监事行使职权所必需的费用，由公司承担。

## 第三节　一人有限责任公司的特别规定

第五十八条　一人有限责任公司的设立和组织机构，适用本节规定；本节没有规定的，适用本章第一节、第二节的规定。

本法所称一人有限责任公司，是指只有一个自然人股东或者一个法人股东的有限责任公司。

第五十九条　一人有限责任公司的注册资本最低限额为人民币十万元。股东应当一次足额缴纳公司章程规定的出资额。

一个自然人只能投资设立一个一人有限责任公司。该一人有限责任公司不能投资设立新的一人有限责任公司。

第六十条　一人有限责任公司应当在公司登记中注明自然人独资或者法人独资，并在公司营业执照中载明。

第六十一条　一人有限责任公司章程由股东制定。

第六十二条　一人有限责任公司不设股东会。股东作出本法第三十八条第一款所列决定时,应当采用书面形式,并由股东签名后置备于公司。

第六十三条 一人有限责任公司应当在每一会计年度终了时编制财务会计报告,并经会计师事务所审计。

第六十四条 一人有限责任公司的股东不能证明公司财产独立于股东自己的财产的,应当对公司债务承担连带责任。

### 第四节 国有独资公司的特别规定

第六十五条 国有独资公司的设立和组织机构,适用本节规定;本节没有规定的,适用本章第一节、第二节的规定。

本法所称国有独资公司,是指国家单独出资、由国务院或者地方人民政府授权本级人民政府国有资产监督管理机构履行出资人职责的有限责任公司。

第六十六条 国有独资公司章程由国有资产监督管理机构制定,或者由董事会制订报国有资产监督管理机构批准。

第六十七条 国有独资公司不设股东会,由国有资产监督管理机构行使股东会职权。国有资产监督管理机构可以授权公司董事会行使股东会的部分职权,决定公司的重大事项,但公司的合并、分立、解散、增加或者减少注册资本和发行公司债券,必须由国有资产监督管理机构决定;其中,重要的国有独资公司合并、分立、解散、申请破产的,应当由国有资产监督管理机构审核后,报本级人民政府批准。

前款所称重要的国有独资公司,按照国务院的规定确定。

**第六十八条** 国有独资公司设董事会,依照本法第四十七条、第六十七条的规定行使职权。董事每届任期不得超过三年。董事会成员中应当有公司职工代表。

董事会成员由国有资产监督管理机构委派;但是,董事会成员中的职工代表由公司职工代表大会选举产生。

董事会设董事长一人,可以设副董事长。董事长、副董事长由国有资产监督管理机构从董事会成员中指定。

**第六十九条** 国有独资公司设经理,由董事会聘任或者解聘。经理依照本法第五十条规定行使职权。

经国有资产监督管理机构同意,董事会成员可以兼任经理。

**第七十条** 国有独资公司的董事长、副董事长、董事、高级管理人员,未经国有资产监督管理机构同意,不得在其他有限责任公司、股份有限公司或者其他经济组织兼职。

**第七十一条** 国有独资公司监事会成员不得少于五人,其中职工代表的比例不得低于三分之一,具体比例由公司章程规定。

监事会成员由国有资产监督管理机构委派;但是,监事会成员中的职工代表由公司职工代表大会选举产生。监事会主席由国有资产监督管理机构从监事会成员中指定。

监事会行使本法第五十四条第（一）项至第（三）项规定的职权和国务院规定的其他职权。

## 第三章 有限责任公司的股权转让

**第七十二条** 有限责任公司的股东之间可以相互转让其全部或者部分股权。

股东向股东以外的人转让股权，应当经其他股东过半数同意。股东应就其股权转让事项书面通知其他股东征求同意，其他股东自接到书面通知之日起满三十日未答复的，视为同意转让。其他股东半数以上不同意转让的，不同意的股东应当购买该转让的股权；不购买的，视为同意转让。

经股东同意转让的股权，在同等条件下，其他股东有优先购买权。两个以上股东主张行使优先购买权的，协商确定各自的购买比例；协商不成的，按照转让时各自的出资比例行使优先购买权。

公司章程对股权转让另有规定的，从其规定。

**第七十三条** 人民法院依照法律规定的强制执行程序转让股东的股权时，应当通知公司及全体股东，其他股东在同等条件下有优先购买权。其他股东自人民法院通知之日起满二十日不行使优先购买权的，视为放弃优先购买权。

**第七十四条** 依照本法第七十二条、第七十三条转让股权后，公司应当注销原股东的出资证明书，向新股东签发出资证明书，并相应修改公司章程和股东名册中有关股东及其出资额的记载。对公司章程的该项修改不需再由股东会表决。

第七十五条 有下列情形之一的，对股东会该项决议投反对票的股东可以请求公司按照合理的价格收购其股权：

（一）公司连续五年不向股东分配利润，而公司该五年连续盈利，并且符合本法规定的分配利润条件的；

（二）公司合并、分立、转让主要财产的；

（三）公司章程规定的营业期限届满或者章程规定的其他解散事由出现，股东会会议通过决议修改章程使公司存续的。

自股东会会议决议通过之日起六十日内，股东与公司不能达成股权收购协议的，股东可以自股东会会议决议通过之日起九十日内向人民法院提起诉讼。

第七十六条 自然人股东死亡后，其合法继承人可以继承股东资格；但是，公司章程另有规定的除外。

## 第四章 股份有限公司的设立和组织机构

### 第一节 设立

第七十七条 设立股份有限公司，应当具备下列条件：

（一）发起人符合法定人数；

（二）发起人认购和募集的股本达到法定资本最低限额；

（三）股份发行、筹办事项符合法律规定；

（四）发起人制订公司章程，采用募集方式设立的经创立大会通过；

（五）有公司名称，建立符合股份有限公司要求的组织机构；

（六）有公司住所。

**第七十八条** 股份有限公司的设立，可以采取发起设立或者募集设立的方式。

发起设立，是指由发起人认购公司应发行的全部股份而设立公司。

募集设立，是指由发起人认购公司应发行股份的一部分，其余股份向社会公开募集或者向特定对象募集而设立公司。

**第七十九条** 设立股份有限公司，应当有二人以上二百人以下为发起人，其中须有半数以上的发起人在中国境内有住所。

**第八十条** 股份有限公司发起人承担公司筹办事务。

发起人应当签订发起人协议，明确各自在公司设立过程中的权利和义务。

**第八十一条** 股份有限公司采取发起设立方式设立的，注册资本为在公司登记机关登记的全体发起人认购的股本总额。公司全体发起人的首次出资额不得低于注册资本的百分之二十，其余部分由发起人自公司成立之日起两年内缴足；其中，投资公司可以在五年内缴足。在缴足前，不得向他人募集股份。

股份有限公司采取募集方式设立的，注册资本为在公司登记机关登记的实收股本总额。

股份有限公司注册资本的最低限额为人民币五百万元。法律、行政法规对股份有限公司注册资本的最低限额有较高规定的，从其规定。

第八十二条　股份有限公司章程应当载明下列事项：

（一）公司名称和住所；

（二）公司经营范围；

（三）公司设立方式；

（四）公司股份总数、每股金额和注册资本；

（五）发起人的姓名或者名称、认购的股份数、出资方式和出资时间；

（六）董事会的组成、职权和议事规则；

（七）公司法定代表人；

（八）监事会的组成、职权和议事规则；

（九）公司利润分配办法；

（十）公司的解散事由与清算办法；

（十一）公司的通知和公告办法；

（十二）股东大会会议认为需要规定的其他事项。

第八十三条　发起人的出资方式，适用本法第二十七条的规定。

第八十四条　以发起设立方式设立股份有限公司的，发起人应当书面认足公司章程规定其认购的股份；一次缴纳的，应即缴纳全部出资；分期缴纳的，应即缴纳首期出资。以非货币财产出资的，应当依法办理其财产权的转移手续。

发起人不依照前款规定缴纳出资的,应当按照发起人协议承担违约责任。

发起人首次缴纳出资后,应当选举董事会和监事会,由董事会向公司登记机关报送公司章程、由依法设定的验资机构出具的验资证明以及法律、行政法规规定的其他文件,申请设立登记。

第八十五条 以募集设立方式设立股份有限公司的,发起人认购的股份不得少于公司股份总数的百分之三十五;但是,法律、行政法规另有规定的,从其规定。

第八十六条 发起人向社会公开募集股份,必须公告招股说明书,并制作认股书。认股书应当载明本法第八十七条所列事项,由认股人填写认购股数、金额、住所,并签名、盖章。认股人按照所认购股数缴纳股款。

第八十七条 招股说明书应当附有发起人制订的公司章程,并载明下列事项:

(一) 发起人认购的股份数;

(二) 每股的票面金额和发行价格;

(三) 无记名股票的发行总数;

(四) 募集资金的用途;

(五) 认股人的权利、义务;

(六) 本次募股的起止期限及逾期未募足时认股人可以撤回所认股份的说明。

第八十八条 发起人向社会公开募集股份,应当由依法设立的证券公司承销，签订承销协议。

第八十九条　发起人向社会公开募集股份，应当同银行签订代收股款协议。

代收股款的银行应当按照协议代收和保存股款，向缴纳股款的认股人出具收款单据，并负有向有关部门出具收款证明的义务。

第九十条　发行股份的股款缴足后，必须经依法设立的验资机构验资并出具证明。发起人应当自股款缴足之日起三十日内主持召开公司创立大会。创立大会由发起人、认股人组成。

发行的股份超过招股说明书规定的截止期限尚未募足的，或者发行股份的股款缴足后，发起人在三十日内未召开创立大会的，认股人可以按照所缴股款并加算银行同期存款利息，要求发起人返还。

第九十一条　发起人应当在创立大会召开十五日前将会议日期通知各认股人或者予以公告。创立大会应有代表股份总数过半数的发起人、认股人出席，方可举行。

创立大会行使下列职权：

（一）审议发起人关于公司筹办情况的报告；

（二）通过公司章程；

（三）选举董事会成员；

（四）选举监事会成员；

（五）对公司的设立费用进行审核；

（六）对发起人用于抵作股款的财产的作价进行审核；

（七）发生不可抗力或者经营条件发生重大变化直接影响公司设立的，可以作出不设立公司的决议。

创立大会对前款所列事项作出决议，必须经出席会议的认股人所持表决权过半数通过。

第九十二条　发起人、认股人缴纳股款或者交付抵作股款的出资后，除未按期募足股份、发起人未按期召开创立大会或者创立大会决议不设立公司的情形外，不得抽回其股本。

第九十三条　董事会应于创立大会结束后三十日内，向公司登记机关报送下列文件，申请设立登记：

（一）公司登记申请书；

（二）创立大会的会议记录；

（三）公司章程；

（四）验资证明；

（五）法定代表人、董事、监事的任职文件及其身份证明；

（六）发起人的法人资格证明或者自然人身份证明；

（七）公司住所证明。

以募集方式设立股份有限公司公开发行股票的，还应当向公司登记机关报送国务院证券监督管理机构的核准文件。

第九十四条　股份有限公司成立后，发起人未按照公司章程的规定缴足出资的，应当补缴；其他发起人承担连带责任。

股份有限公司成立后，发现作为设立公司出资的非货币财产的实际价额显著低于公司章程所定价额的，应当由交付该出资的发起人补足其差额；其他发起人承担连带责任。

第九十五条　股份有限公司的发起人应当承担下列责任：

（一）公司不能成立时，对设立行为所产生的债务和费用负连带责任；

（二）公司不能成立时，对认股人已缴纳的股款，负返还股款并加算银行同期存款利息的连带责任；

（三）在公司设立过程中，由于发起人的过失致使公司利益受到损害的，应当对公司承担赔偿责任。

第九十六条　有限责任公司变更为股份有限公司时，折合的实收股本总额不得高于公司净资产额。有限责任公司变更为股份有限公司，为增加资本公开发行股份时，应当依法办理。

第九十七条　股份有限公司应当将公司章程、股东名册、公司债券存根、股东大会会议记录、董事会会议记录、监事会会议记录、财务会计报告置备于本公司。

第九十八条　股东有权查阅公司章程、股东名册、公司债券存根、股东大会会议记录、董事会会议决议、监事会会议决议、财务会计报告，对公司的经营提出建议或者质询。

## 第二节　股东大会

**第九十九条**　股份有限公司股东大会由全体股东组成。股东大会是公司的权力机构，依照本法行使职权。

**第一百条**　本法第三十八条第一款关于有限责任公司股东会职权的规定，适用于股份有限公司股东大会。

**第一百零一条**　股东大会应当每年召开一次年会。有下列情形之一的，应当在两个月内召开临时股东大会：

（一）董事人数不足本法规定人数或者公司章程所定人数的三分之二时；

（二）公司未弥补的亏损达实收股本总额三分之一时；

（三）单独或者合计持有公司百分之十以上股份的股东请求时；

（四）董事会认为必要时；

（五）监事会提议召开时；

（六）公司章程规定的其他情形。

**第一百零二条**　股东大会会议由董事会召集，董事长主持；董事长不能履行职务或者不履行职务的，由副董事长主持；副董事长不能履行职务或者不履行职务的，由半数以上董事共同推举一名董事主持。

董事会不能履行或者不履行召集股东大会会议职责的，监事会应当及时召集和主持；监事会不召集和主持的，连续九十日以上单独或者合计持有公司百分之十以上股份的股东可以自行召集和主持。

**第一百零三条**　召开股东大会会议，应当将会议召开的时间、地点和审议的事项于会议召开二十日前通知各股东；临时股东大会应当于会议召开十五日前通知各股东；发行无记名股票的，应当于会议召开三十日前公告会议召开的时间、地点和审议事项。

单独或者合计持有公司百分之三以上股份的股东，可以在股东大会召开十日前提出临时提案并书面提交董事会；董事会应当在收到提案后二日内通知其他股东，并将该临时提案提交股东大会审议。临时提案的内容应当属于股东大会职权范围，并有明确议题和具体决议事项。

股东大会不得对前两款通知中未列明的事项作出决议。

无记名股票持有人出席股东大会会议的，应当于会议召开五日前至股东大会闭会时将股票交存于公司。

第一百零四条　股东出席股东大会会议，所持每一股份有一表决权。但是，公司持有的本公司股份没有表决权。

股东大会作出决议，必须经出席会议的股东所持表决权过半数通过。但是，股东大会作出修改公司章程、增加或者减少注册资本的决议，以及公司合并、分立、解散或者变更公司形式的决议，必须经出席会议的股东所持表决权的三分之二以上通过。

第一百零五条　本法和公司章程规定公司转让、受让重大资产或者对外提供担保等事项必须经股东大会作出决议的，董事会应当及时召集股东大会会议，由股东大会就上述事项进行表决。

第一百零六条　股东大会选举董事、监事，可以依照公司章程的规定或者股东大会的决议，实行累积投票制。

本法所称累积投票制，是指股东大会选举董事或者监事时，每一股份拥有与应选董事或者监事人数相同的表决权，股东拥有的表决权可以集中使用。

**第一百零七条** 股东可以委托代理人出席股东大会会议，代理人应当向公司提交股东授权委托书，并在授权范围内行使表决权。

**第一百零八条** 股东大会应当对所议事项的决定作成会议记录，主持人、出席会议的董事应当在会议记录上签名。会议记录应当与出席股东的签名册及代理出席的委托书一并保存。

### 第三节 董事会、经理

**第一百零九条** 股份有限公司设董事会，其成员为五人至十九人。

董事会成员中可以有公司职工代表。董事会中的职工代表由公司职工通过职工代表大会、职工大会或者其他形式民主选举产生。

本法第四十六条关于有限责任公司董事任期的规定，适用于股份有限公司董事。

本法第四十七条关于有限责任公司董事会职权的规定，适用于股份有限公司董事会。

**第一百一十条** 董事会设董事长一人，可以设副董事长。董事长和副董事长由董事会以全体董事的过半数选举产生。

董事长召集和主持董事会会议，检查董事会决议的实施情况。副董事长协助董事长工作，董事长不能履行职务或者不履行职务的，由副董事长履行职务；副董事长不能履行职务或者不履行职务的，由半数以上董事共同推举一名董事履行职务。

第一百一十一条　董事会每年度至少召开两次会议，每次会议应当于会议召开十日前通知全体董事和监事。

代表十分之一以上表决权的股东、三分之一以上董事或者监事会，可以提议召开董事会临时会议。董事长应当自接到提议后十日内，召集和主持董事会会议。

董事会召开临时会议，可以另定召集董事会的通知方式和通知时限。

第一百一十二条　董事会会议应有过半数的董事出席方可举行。董事会作出决议，必须经全体董事的过半数通过。

董事会决议的表决，实行一人一票。

第一百一十三条　董事会会议，应由董事本人出席；董事因故不能出席，可以书面委托其他董事代为出席，委托书中应载明授权范围。

董事会应当对会议所议事项的决定作成会议记录，出席会议的董事应当在会议记录上签名。

董事应当对董事会的决议承担责任。董事会的决议违反法律、行政法规或者公司章程、股东大会决议，致使公司遭受严重损失的，参与决议的董事对公司负赔偿责任。

但经证明在表决时曾表明异议并记载于会议记录的，该董事可以免除责任。

第一百一十四条　股份有限公司设经理，由董事会决定聘任或者解聘。

本法第五十条关于有限责任公司经理职权的规定，适用于股份有限公司经理。

第一百一十五条　公司董事会可以决定由董事会成员兼任经理。

第一百一十六条　公司不得直接或者通过子公司向董事、监事、高级管理人员提供借款。

第一百一十七条　公司应当定期向股东披露董事、监事、高级管理人员从公司获得报酬的情况。

### 第四节　监事会

第一百一十八条　股份有限公司设监事会，其成员不得少于三人。

监事会应当包括股东代表和适当比例的公司职工代表，其中职工代表的比例不得低于三分之一，具体比例由公司章程规定。监事会中的职工代表由公司职工通过职工代表大会、职工大会或者其他形式民主选举产生。

监事会设主席一人，可以设副主席。监事会主席和副主席由全体监事过半数选举产生。监事会主席召集和主持监事会会议；监事会主席不能履行职务或者不履行职务的，由监事会副主席召集和主持监事会会议；监事会副主席不能履行职务或者不履行职务的，由半数以上监事共同推举一名监事召集和主持监事会会议。

董事、高级管理人员不得兼任监事。

本法第五十三条关于有限责任公司监事任期的规定，适用于股份有限公司监事。

**第一百一十九条** 本法第五十四条、第五十五条关于有限责任公司监事会职权的规定，适用于股份有限公司监事会。

监事会行使职权所必需的费用，由公司承担。

**第一百二十条** 监事会每六个月至少召开一次会议。监事可以提议召开临时监事会会议。

监事会的议事方式和表决程序，除本法有规定的外，由公司章程规定。

监事会决议应当经半数以上监事通过。

监事会应当对所议事项的决定作成会议记录，出席会议的监事应当在会议记录上签名。

### 第五节 上市公司组织机构的特别规定

**第一百二十一条** 本法所称上市公司，是指其股票在证券交易所上市交易的股份有限公司。

**第一百二十二条** 上市公司在一年内购买、出售重大资产或者担保金额超过公司资产总额百分之三十的，应当由股东大会作出决议，并经出席会议的股东所持表决权的三分之二以上通过。

**第一百二十三条** 上市公司设立独立董事，具体办法由国务院规定。

**第一百二十四条** 上市公司设董事会秘书，负责公司股东大会和董事会会议的筹备、文件保管以及公司股东资料的管理，办理信息披露事务等事宜。

**第一百二十五条** 上市公司董事与董事会会议决议事项所涉及的企业有关联关系的，不得对该项决议行使表决权，也不得代理其他董事行使表决权。该董事会会议由过半数的无关联关系董事出席即可举行，董事会会议所作决议须经无关联关系董事过半数通过。出席董事会的无关联关系董事人数不足三人的，应将该事项提交上市公司股东大会审议。

## 第五章 股份有限公司的股份发行和转让

### 第一节 股份发行

**第一百二十六条** 股份有限公司的资本划分为股份，每一股的金额相等。

公司的股份采取股票的形式。股票是公司签发的证明股东所持股份的凭证。

**第一百二十七条** 股份的发行，实行公平、公正的原则，同种类的每一股份应当具有同等权利。

同次发行的同种类股票，每股的发行条件和价格应当相同；任何单位或者个人所认购的股份，每股应当支付相同价额。

**第一百二十八条** 股票发行价格可以按票面金额，也可以超过票面金额，但不得低于票面金额。

**第一百二十九条** 股票采用纸面形式或者国务院证券监督管理机构规定的其他形式。

股票应当载明下列主要事项：

（一）公司名称；

（二）公司成立日期；

（三）股票种类、票面金额及代表的股份数；

（四）股票的编号。

股票由法定代表人签名，公司盖章。

发起人的股票，应当标明发起人股票字样。

**第一百三十条** 公司发行的股票，可以为记名股票，也可以为无记名股票。

公司向发起人、法人发行的股票，应当为记名股票，并应当记载该发起人、法人的名称或者姓名，不得另立户名或者以代表人姓名记名。

**第一百三十一条** 公司发行记名股票的，应当置备股东名册，记载下列事项：

（一）股东的姓名或者名称及住所；

（二）各股东所持股份数；

（三）各股东所持股票的编号；

（四）各股东取得股份的日期。

发行无记名股票的，公司应当记载其股票数量、编号及发行日期。

**第一百三十二条** 国务院可以对公司发行本法规定以外的其他种类的股份，另行作出规定。

第一百三十三条　股份有限公司成立后，即向股东正式交付股票。公司成立前不得向股东交付股票。

第一百三十四条　公司发行新股，股东大会应当对下列事项作出决议：

（一）新股种类及数额；

（二）新股发行价格；

（三）新股发行的起止日期；

（四）向原有股东发行新股的种类及数额。

第一百三十五条　公司经国务院证券监督管理机构核准公开发行新股时，必须公告新股招股说明书和财务会计报告，并制作认股书。

本法第八十八条、第八十九条的规定适用于公司公开发行新股。

第一百三十六条　公司发行新股，可以根据公司经营情况和财务状况，确定其作价方案。

第一百三十七条　公司发行新股募足股款后，必须向公司登记机关办理变更登记，并公告。

## 第二节　股份转让

第一百三十八条　股东持有的股份可以依法转让。

第一百三十九条　股东转让其股份，应当在依法设立的证券交易场所进行或者按照国务院规定的其他方式进行。

第一百四十条　记名股票，由股东以背书方式或者法律、行政法规规定的其他方式转让；转让后由公司将受让人的姓名或者名称及住所记载于股东名册。

股东大会召开前二十日内或者公司决定分配股利的基准日前五日内，不得进行前款规定的股东名册的变更登记。但是，法律对上市公司股东名册变更登记另有规定的，从其规定。

第一百四十一条 无记名股票的转让，由股东将该股票交付给受让人后即发生转让的效力。

第一百四十二条 发起人持有的本公司股份，自公司成立之日起一年内不得转让。公司公开发行股份前已发行的股份，自公司股票在证券交易所上市交易之日起一年内不得转让。

公司董事、监事、高级管理人员应当向公司申报所持有的本公司的股份及其变动情况，在任职期间每年转让的股份不得超过其所持有本公司股份总数的百分之二十五；所持本公司股份自公司股票上市交易之日起一年内不得转让。上述人员离职后半年内，不得转让其所持有的本公司股份。公司章程可以对公司董事、监事、高级管理人员转让其所持有的本公司股份作出其他限制性规定。

第一百四十三条 公司不得收购本公司股份。但是，有下列情形之一的除外：

（一）减少公司注册资本；

（二）与持有本公司股份的其他公司合并；

（三）将股份奖励给本公司职工；

（四）股东因对股东大会作出的公司合并、分立决议持异议，要求公司收购其股份的。

公司因前款第（一）项至第（三）项的原因收购本公司股份的，应当经股东大会决议。公司依照前款规定收购本公司股份后，属于第（一）项情形的，应当自收购之日起十日内注销；属于第（二）项、第（四）项情形的，应当在六个月内转让或者注销。

公司依照第一款第（三）项规定收购的本公司股份，不得超过本公司已发行股份总额的百分之五；用于收购的资金应当从公司的税后利润中支出；所收购的股份应当在一年内转让给职工。

公司不得接受本公司的股票作为质押权的标的。

第一百四十四条　记名股票被盗、遗失或者灭失，股东可以依照《中华人民共和国民事诉讼法》规定的公示催告程序，请求人民法院宣告该股票失效。人民法院宣告该股票失效后，股东可以向公司申请补发股票。

第一百四十五条　上市公司的股票，依照有关法律、行政法规及证券交易所交易规则上市交易。

第一百四十六条　上市公司必须依照法律、行政法规的规定，公开其财务状况、经营情况及重大诉讼，在每会计年度内半年公布一次财务会计报告。

## 第六章　公司董事、监事、高级管理人员的资格和义务

第一百四十七条　有下列情形之一的，不得担任公司的董事、监事、高级管理人员：

（一）无民事行为能力或者限制民事行为能力；

（二）因贪污、贿赂、侵占财产、挪用财产或者破坏社会主义市场经济秩序，被判处刑罚，执行期满未逾五年，或者因犯罪被剥夺政治权利，执行期满未逾五年；

（三）担任破产清算的公司、企业的董事或者厂长、经理，对该公司、企业的破产负有个人责任的，自该公司、企业破产清算完结之日起未逾三年；

（四）担任因违法被吊销营业执照、责令关闭的公司、企业的法定代表人，并负有个人责任的，自该公司、企业被吊销营业执照之日起未逾三年；

（五）个人所负数额较大的债务到期未清偿。

公司违反前款规定选举、委派董事、监事或者聘任高级管理人员的，该选举、委派或者聘任无效。

董事、监事、高级管理人员在任职期间出现本条第一款所列情形的，公司应当解除其职务。

第一百四十八条 董事、监事、高级管理人员应当遵守法律、行政法规和公司章程，对公司负有忠实义务和勤勉义务。

董事、监事、高级管理人员不得利用职权收受贿赂或者其他非法收入，不得侵占公司的财产。

第一百四十九条 董事、高级管理人员不得有下列行为：

（一）挪用公司资金；

（二）将公司资金以其个人名义或者以其他个人名义开

立账户存储；

（三）违反公司章程的规定，未经股东会、股东大会或者董事会同意，将公司资金借贷给他人或者以公司财产为他人提供担保；

（四）违反公司章程的规定或者未经股东会、股东大会同意，与本公司订立合同或者进行交易；

（五）未经股东会或者股东大会同意，利用职务便利为自己或者他人谋取属于公司的商业机会，自营或者为他人经营与所任职公司同类的业务；

（六）接受他人与公司交易的佣金归为己有；

（七）擅自披露公司秘密；

（八）违反对公司忠实义务的其他行为。

董事、高级管理人员违反前款规定所得的收入应当归公司所有。

第一百五十条　董事、监事、高级管理人员执行公司职务时违反法律、行政法规或者公司章程的规定，给公司造成损失的，应当承担赔偿责任。

第一百五十一条　股东会或者股东大会要求董事、监事、高级管理人员列席会议的，董事、监事、高级管理人员应当列席并接受股东的质询。

董事、高级管理人员应当如实向监事会或者不设监事会的有限责任公司的监事提供有关情况和资料，不得妨碍监事会或者监事行使职权。

第一百五十二条　董事、高级管理人员有本法第一百五十条规定的情形的,有限责任公司的股东、股份有限公司连续一百八十日以上单独或者合计持有公司百分之一以上股份的股东,可以书面请求监事会或者不设监事会的有限责任公司的监事向人民法院提起诉讼;监事有本法第一百五十条规定的情形的,前述股东可以书面请求董事会或者不设董事会的有限责任公司的执行董事向人民法院提起诉讼。

监事会、不设监事会的有限责任公司的监事,或者董事会、执行董事收到前款规定的股东书面请求后拒绝提起诉讼,或者自收到请求之日起三十日内未提起诉讼,或者情况紧急、不立即提起诉讼将会使公司利益受到难以弥补的损害的,前款规定的股东有权为了公司的利益以自己的名义直接向人民法院提起诉讼。

他人侵犯公司合法权益,给公司造成损失的,本条第一款规定的股东可以依照前两款的规定向人民法院提起诉讼。

第一百五十三条　董事、高级管理人员违反法律、行政法规或者公司章程的规定,损害股东利益的,股东可以向人民法院提起诉讼。

## 第七章　公司债券

第一百五十四条　本法所称公司债券,是指公司依照法定程序发行、约定在一定期限还本付息的有价证券。

公司发行公司债券应当符合《中华人民共和国证券法》

规定的发行条件。

**第一百五十五条** 发行公司债券的申请经国务院授权的部门核准后，应当公告公司债券募集办法。

公司债券募集办法中应当载明下列主要事项：

（一）公司名称；

（二）债券募集资金的用途；

（三）债券总额和债券的票面金额；

（四）债券利率的确定方式；

（五）还本付息的期限和方式；

（六）债券担保情况；

（七）债券的发行价格、发行的起止日期；

（八）公司净资产额；

（九）已发行的尚未到期的公司债券总额；

（十）公司债券的承销机构。

**第一百五十六条** 公司以实物券方式发行公司债券的，必须在债券上载明公司名称、债券票面金额、利率、偿还期限等事项，并由法定代表人签名，公司盖章。

**第一百五十七条** 公司债券，可以为记名债券，也可以为无记名债券。

**第一百五十八条** 公司发行公司债券应当置备公司债券存根簿。

发行记名公司债券的，应当在公司债券存根簿上载明下列事项：

（一）债券持有人的姓名或者名称及住所；

（二）债券持有人取得债券的日期及债券的编号；

（三）债券总额，债券的票面金额、利率、还本付息的期限和方式；

（四）债券的发行日期。

发行无记名公司债券的，应当在公司债券存根簿上载明债券总额、利率、偿还期限和方式、发行日期及债券的编号。

第一百五十九条　记名公司债券的登记结算机构应当建立债券登记、存管、付息、兑付等相关制度。

第一百六十条　公司债券可以转让，转让价格由转让人与受让人约定。

公司债券在证券交易所上市交易的，按照证券交易所的交易规则转让。

第一百六十一条　记名公司债券，由债券持有人以背书方式或者法律、行政法规规定的其他方式转让；转让后由公司将受让人的姓名或者名称及住所记载于公司债券存根簿。

无记名公司债券的转让，由债券持有人将该债券交付给受让人后即发生转让的效力。

第一百六十二条　上市公司经股东大会决议可以发行可转换为股票的公司债券，并在公司债券募集办法中规定具体的转换办法。上市公司发行可转换为股票的公司债券，应当报国务院证券监督管理机构核准。

发行可转换为股票的公司债券，应当在债券上标明可转换公司债券字样,并在公司债券存根簿上载明可转换公司债券的数额。

第一百六十三条　发行可转换为股票的公司债券的,公司应当按照其转换办法向债券持有人换发股票,但债券持有人对转换股票或者不转换股票有选择权。

## 第八章　公司财务、会计

第一百六十四条　公司应当依照法律、行政法规和国务院财政部门的规定建立本公司的财务、会计制度。

第一百六十五条　公司应当在每一会计年度终了时编制财务会计报告,并依法经会计师事务所审计。

财务会计报告应当依照法律、行政法规和国务院财政部门的规定制作。

第一百六十六条　有限责任公司应当依照公司章程规定的期限将财务会计报告送交各股东。

股份有限公司的财务会计报告应当在召开股东大会年会的二十日前置备于本公司,供股东查阅;公开发行股票的股份有限公司必须公告其财务会计报告。

第一百六十七条　公司分配当年税后利润时,应当提取利润的百分之十列入公司法定公积金。公司法定公积金累计额为公司注册资本的百分之五十以上的,可以不再提取。

公司的法定公积金不足以弥补以前年度亏损的,在依照前款规定提取法定公积金之前,应当先用当年利润弥补亏损。

公司从税后利润中提取法定公积金后，经股东会或者股东大会决议，还可以从税后利润中提取任意公积金。

公司弥补亏损和提取公积金后所余税后利润，有限责任公司依照本法第三十五条的规定分配；股份有限公司按照股东持有的股份比例分配，但股份有限公司章程规定不按持股比例分配的除外。

股东会、股东大会或者董事会违反前款规定，在公司弥补亏损和提取法定公积金之前向股东分配利润的，股东必须将违反规定分配的利润退还公司。

公司持有的本公司股份不得分配利润。

第一百六十八条　股份有限公司以超过股票票面金额的发行价格发行股份所得的溢价款以及国务院财政部门规定列入资本公积金的其他收入，应当列为公司资本公积金。

第一百六十九条　公司的公积金用于弥补公司的亏损、扩大公司生产经营或者转为增加公司资本。但是，资本公积金不得用于弥补公司的亏损。

法定公积金转为资本时，所留存的该项公积金不得少于转增前公司注册资本的百分之二十五。

第一百七十条　公司聘用、解聘承办公司审计业务的会计师事务所，依照公司章程的规定，由股东会、股东大会或者董事会决定。

公司股东会、股东大会或者董事会就解聘会计师事务所进行表决时，应当允许会计师事务所陈述意见。

第一百七十一条　公司应当向聘用的会计师事务所提供真实、完整的会计凭证、会计账簿、财务会计报告及其他会计资料，不得拒绝、隐匿、谎报。

第一百七十二条　公司除法定的会计账簿外，不得另立会计账簿。

对公司资产，不得以任何个人名义开立账户存储。

## 第九章　公司合并、分立、增资、减资

第一百七十三条　公司合并可以采取吸收合并或者新设合并。

一个公司吸收其他公司为吸收合并，被吸收的公司解散。两个以上公司合并设立一个新的公司为新设合并，合并各方解散。

第一百七十四条　公司合并，应当由合并各方签订合并协议，并编制资产负债表及财产清单。公司应当自作出合并决议之日起十日内通知债权人，并于三十日内在报纸上公告。债权人自接到通知书之日起三十日内，未接到通知书的自公告之日起四十五日内，可以要求公司清偿债务或者提供相应的担保。

第一百七十五条　公司合并时，合并各方的债权、债务，应当由合并后存续的公司或者新设的公司承继。

第一百七十六条　公司分立，其财产作相应的分割。

公司分立，应当编制资产负债表及财产清单。公司应当自作出分立决议之日起十日内通知债权人，并于三十日

内在报纸上公告。

第一百七十七条　公司分立前的债务由分立后的公司承担连带责任。但是，公司在分立前与债权人就债务清偿达成的书面协议另有约定的除外。

第一百七十八条　公司需要减少注册资本时，必须编制资产负债表及财产清单。

公司应当自作出减少注册资本决议之日起十日内通知债权人，并于三十日内在报纸上公告。债权人自接到通知书之日起三十日内，未接到通知书的自公告之日起四十五日内，有权要求公司清偿债务或者提供相应的担保。

公司减资后的注册资本不得低于法定的最低限额。

第一百七十九条　有限责任公司增加注册资本时，股东认缴新增资本的出资，依照本法设立有限责任公司缴纳出资的有关规定执行。

股份有限公司为增加注册资本发行新股时，股东认购新股，依照本法设立股份有限公司缴纳股款的有关规定执行。

第一百八十条　公司合并或者分立，登记事项发生变更的，应当依法向公司登记机关办理变更登记；公司解散的，应当依法办理公司注销登记；设立新公司的，应当依法办理公司设立登记。

公司增加或者减少注册资本，应当依法向公司登记机关办理变更登记。

## 第十章 公司解散和清算

**第一百八十一条** 公司因下列原因解散:

(一) 公司章程规定的营业期限届满或者公司章程规定的其他解散事由出现;

(二) 股东会或者股东大会决议解散;

(三) 因公司合并或者分立需要解散;

(四) 依法被吊销营业执照、责令关闭或者被撤销;

(五) 人民法院依照本法第一百八十三条的规定予以解散。

**第一百八十二条** 公司有本法第一百八十一条第(一)项情形的,可以通过修改公司章程而存续。

依照前款规定修改公司章程,有限责任公司须经持有三分之二以上表决权的股东通过,股份有限公司须经出席股东大会会议的股东所持表决权的三分之二以上通过。

**第一百八十三条** 公司经营管理发生严重困难,继续存续会使股东利益受到重大损失,通过其他途径不能解决的,持有公司全部股东表决权百分之十以上的股东,可以请求人民法院解散公司。

**第一百八十四条** 公司因本法第一百八十一条第(一)项、第(二)项、第(四)项、第(五)项规定而解散的,应当在解散事由出现之日起十五日内成立清算组,开始清算。有限责任公司的清算组由股东组成,股份有限公司的清算组由董事或者股东大会确定的人员组成。逾期不成立清算组进行清算的,债权人可以申请人民法院指定有关人员组成清算组进行清算。人民法院应当受理该申请,并及时组织清算组进行清算。

**第一百八十五条** 清算组在清算期间行使下列职权:

(一)清理公司财产,分别编制资产负债表和财产清单;

(二)通知、公告债权人;

(三)处理与清算有关的公司未了结的业务;

(四)清缴所欠税款以及清算过程中产生的税款;

(五)清理债权、债务;

(六)处理公司清偿债务后的剩余财产;

(七)代表公司参与民事诉讼活动。

**第一百八十六条** 清算组应当自成立之日起十日内通知债权人,并于六十日内在报纸上公告。债权人应当自接到通知书之日起三十日内,未接到通知书的自公告之日起四十五日内,向清算组申报其债权。

债权人申报债权,应当说明债权的有关事项,并提供证明材料。清算组应当对债权进行登记。

在申报债权期间,清算组不得对债权人进行清偿。

**第一百八十七条** 清算组在清理公司财产、编制资产负债表和财产清单后,应当制定清算方案,并报股东会、股东大会或者人民法院确认。

公司财产在分别支付清算费用、职工的工资、社会保险费用和法定补偿金,缴纳所欠税款,清偿公司债务后的剩余财产，有限责任公司按照股东的出资比例分配，股份有限公司按照股东持有的股份比例分配。

清算期间，公司存续，但不得开展与清算无关的经营活动。公司财产在未依照前款规定清偿前，不得分配给股东。

**第一百八十八条** 清算组在清理公司财产、编制资产负债表和财产清单后，发现公司财产不足清偿债务的，应当依法向人民法院申请宣告破产。

公司经人民法院裁定宣告破产后，清算组应当将清算事务移交给人民法院。

**第一百八十九条** 公司清算结束后，清算组应当制作清算报告，报股东会、股东大会或者人民法院确认，并报送公司登记机关，申请注销公司登记，公告公司终止。

**第一百九十条** 清算组成员应当忠于职守，依法履行清算义务。

清算组成员不得利用职权收受贿赂或者其他非法收入，不得侵占公司财产。

清算组成员因故意或者重大过失给公司或者债权人造成损失的，应当承担赔偿责任。

**第一百九十一条** 公司被依法宣告破产的，依照有关企业破产的法律实施破产清算。

## 第十一章 外国公司的分支机构

**第一百九十二条** 本法所称外国公司是指依照外国法律在中国境外设立的公司。

**第一百九十三条** 外国公司在中国境内设立分支机构，必须向中国主管机关提出申请，并提交其公司章程、所属国的公司登记证书等有关文件，经批准后，向公司登记机关依法办理登记，领取营业执照。

外国公司分支机构的审批办法由国务院另行规定。

**第一百九十四条** 外国公司在中国境内设立分支机构，必须在中国境内指定负责该分支机构的代表人或者代理人，并向该分支机构拨付与其所从事的经营活动相适应的资金。

对外国公司分支机构的经营资金需要规定最低限额的，由国务院另行规定。

**第一百九十五条** 外国公司的分支机构应当在其名称中标明该外国公司的国籍及责任形式。

外国公司的分支机构应当在本机构中置备该外国公司章程。

**第一百九十六条** 外国公司在中国境内设立的分支机构不具有中国法人资格。

外国公司对其分支机构在中国境内进行经营活动承担民事责任。

**第一百九十七条** 经批准设立的外国公司分支机构，在中国境内从事业务活动，必须遵守中国的法律，不得损害中国的社会公共利益，其合法权益受中国法律保护。

**第一百九十八条** 外国公司撤销其在中国境内的分支机构时，必须依法清偿债务，依照本法有关公司清算程序的规定进行清算。未清偿债务之前，不得将其分支机构的财产移至中国境外。

## 第十二章　法律责任

**第一百九十九条**　违反本法规定，虚报注册资本、提交虚假材料或者采取其他欺诈手段隐瞒重要事实取得公司登记的，由公司登记机关责令改正，对虚报注册资本的公司，处以虚报注册资本金额百分之五以上百分之十五以下的罚款；对提交虚假材料或者采取其他欺诈手段隐瞒重要事实的公司，处以五万元以上五十万元以下的罚款；情节严重的，撤销公司登记或者吊销营业执照。

**第二百条**　公司的发起人、股东虚假出资，未交付或者未按期交付作为出资的货币或者非货币财产的，由公司登记机关责令改正，处以虚假出资金额百分之五以上百分之十五以下的罚款。

**第二百零一条**　公司的发起人、股东在公司成立后，抽逃其出资的，由公司登记机关责令改正，处以所抽逃出资金额百分之五以上百分之十五以下的罚款。

**第二百零二条**　公司违反本法规定，在法定的会计账簿以外另立会计账簿的，由县级以上人民政府财政部门责令改正，处以五万元以上五十万元以下的罚款。

**第二百零三条**　公司在依法向有关主管部门提供的财务会计报告等材料上作虚假记载或者隐瞒重要事实的，由有关主管部门对直接负责的主管人员和其他直接责任人员处以三万元以上三十万元以下的罚款。

第二百零四条　公司不依照本法规定提取法定公积金的，由县级以上人民政府财政部门责令如数补足应当提取的金额，可以对公司处以二十万元以下的罚款。

第二百零五条　公司在合并、分立、减少注册资本或者进行清算时，不依照本法规定通知或者公告债权人的，由公司登记机关责令改正，对公司处以一万元以上十万元以下的罚款。

公司在进行清算时，隐匿财产，对资产负债表或者财产清单作虚假记载或者在未清偿债务前分配公司财产的，由公司登记机关责令改正，对公司处以隐匿财产或者未清偿债务前分配公司财产金额百分之五以上百分之十以下的罚款；对直接负责的主管人员和其他直接责任人员处以一万元以上十万元以下的罚款。

第二百零六条　公司在清算期间开展与清算无关的经营活动的，由公司登记机关予以警告，没收违法所得。

第二百零七条　清算组不依照本法规定向公司登记机关报送清算报告，或者报送清算报告隐瞒重要事实或者有重大遗漏的，由公司登记机关责令改正。

清算组成员利用职权徇私舞弊、谋取非法收入或者侵占公司财产的，由公司登记机关责令退还公司财产，没收违法所得，并可以处以违法所得一倍以上五倍以下的罚款。

第二百零八条　承担资产评估、验资或者验证的机构提供虚假材料的，由公司登记机关没收违法所得，处以违法所得一倍以上五倍以下的罚款，并可以由有关主管部门依法责令该机构停业、吊销直接责任人员的资格证书，吊销营业执照。

承担资产评估、验资或者验证的机构因过失提供有重大遗漏的报告的，由公司登记机关责令改正，情节较重的，处以所得收入一倍以上五倍以下的罚款，并可以由有关主管部门依法责令该机构停业、吊销直接责任人员的资格证书，吊销营业执照。

承担资产评估、验资或者验证的机构因其出具的评估结果、验资或者验证证明不实，给公司债权人造成损失的，除能够证明自己没有过错的外，在其评估或者证明不实的金额范围内承担赔偿责任。

第二百零九条　公司登记机关对不符合本法规定条件的登记申请予以登记，或者对符合本法规定条件的登记申请不予登记的，对直接负责的主管人员和其他直接责任人员，依法给予行政处分。

第二百一十条　公司登记机关的上级部门强令公司登记机关对不符合本法规定条件的登记申请予以登记，或者对符合本法规定条件的登记申请不予登记的，或者对违法登记进行包庇的，对直接负责的主管人员和其他直接责任人员依法给予行政处分。

第二百一十一条　未依法登记为有限责任公司或者股份有限公司，而冒用有限责任公司或者股份有限公司名义的，或者未依法登记为有限责任公司或者股份有限公司的分公司，而冒用有限责任公司或者股份有限公司的分公司名义的,由公司登记机关责令改正或者予以取缔,可以并处十万元以下的罚款。

第二百一十二条 公司成立后无正当理由超过六个月未开业的,或者开业后自行停业连续六个月以上的,可以由公司登记机关吊销营业执照。

公司登记事项发生变更时,未依照本法规定办理有关变更登记的,由公司登记机关责令限期登记;逾期不登记的,处以一万元以上十万元以下的罚款。

第二百一十三条 外国公司违反本法规定,擅自在中国境内设立分支机构的,由公司登记机关责令改正或者关闭,可以并处五万元以上二十万元以下的罚款。

第二百一十四条 利用公司名义从事危害国家安全、社会公共利益的严重违法行为的,吊销营业执照。

第二百一十五条 公司违反本法规定,应当承担民事赔偿责任和缴纳罚款、罚金的,其财产不足以支付时,先承担民事赔偿责任。

第二百一十六条 违反本法规定,构成犯罪的,依法追究刑事责任。

## 第十三章 附 则

第二百一十七条 本法下列用语的含义:

(一)高级管理人员,是指公司的经理、副经理、财务负责人,上市公司董事会秘书和公司章程规定的其他人员。

(二)控股股东,是指其出资额占有限责任公司资本总额百分之五十以上或者其持有的股份占股份有限公司股本总额百分之五十以上的股东；出资额或者持有股份的比例虽然不足百分之五十，但依其出资额或者持有的股份所享有的表决权已足以对股东会、股东大会的决议产生重大影响的股东。

（三）实际控制人，是指虽不是公司的股东，但通过投资关系、协议或者其他安排，能够实际支配公司行为的人。

（四）关联关系，是指公司控股股东、实际控制人、董事、监事、高级管理人员与其直接或者间接控制的企业之间的关系，以及可能导致公司利益转移的其他关系。但是，国家控股的企业之间不仅因为同受国家控股而具有关联关系。

第二百一十八条　外商投资的有限责任公司和股份有限公司适用本法；有关外商投资的法律另有规定的，适用其规定。

第二百一十九条　本法自 2006 年 1 月 1 日起施行。

## 附录3　中华人民共和国合伙企业法

（1997 年 2 月 23 日第八届全国人民代表大会常务委员会第二十四次会议通过，2006 年 8 月 27 日第十届全国人民代表大会常务委员会第二十三次会议修订）

### 第一章　总　　则

第一条　为了规范合伙企业的行为，保护合伙企业及其合伙人、债权人的合法权益，维护社会经济秩序，促进社会主义市场经济的发展，制定本法。

第二条　本法所称合伙企业，是指自然人、法人和其他组织依照本法在中国境内设立的普通合伙企业和有限合伙企业。

普通合伙企业由普通合伙人组成，合伙人对合伙企业债务承担无限连带责任。本法对普通合伙人承担责任的形式有特别规定的，从其规定。

有限合伙企业由普通合伙人和有限合伙人组成，普通合伙人对合伙企业债务承担无限连带责任，有限合伙人以其认缴的出资额为限对合伙企业债务承担责任。

第三条　国有独资公司、国有企业、上市公司以及公益性的事业单位、社会团体不得成为普通合伙人。

第四条　合伙协议依法由全体合伙人协商一致、以书面形式订立。

第五条　订立合伙协议、设立合伙企业，应当遵循自愿、平等、公平、诚实信用原则。

第六条　合伙企业的生产经营所得和其他所得，按照国家有关税收规定，由合伙人分别缴纳所得税。

第七条　合伙企业及其合伙人必须遵守法律、行政法规，遵守社会公德、商业道德，承担社会责任。

第八条　合伙企业及其合伙人的合法财产及其权益受法律保护。

第九条　申请设立合伙企业，应当向企业登记机关提交登记申请书、合伙协议书、合伙人身份证明等文件。

合伙企业的经营范围中有属于法律、行政法规规定在登记前须经批准的项目的,该项经营业务应当依法经过批准,并在登记时提交批准文件。

**第十条** 申请人提交的登记申请材料齐全、符合法定形式,企业登记机关能够当场登记的,应予当场登记,发给营业执照。

除前款规定情形外,企业登记机关应当自受理申请之日起二十日内,作出是否登记的决定。予以登记的,发给营业执照;不予登记的,应当给予书面答复,并说明理由。

**第十一条** 合伙企业的营业执照签发日期,为合伙企业成立日期。

合伙企业领取营业执照前,合伙人不得以合伙企业名义从事合伙业务。

**第十二条** 合伙企业设立分支机构,应当向分支机构所在地的企业登记机关申请登记,领取营业执照。

**第十三条** 合伙企业登记事项发生变更的,执行合伙事务的合伙人应当自作出变更决定或者发生变更事由之日起十五日内,向企业登记机关申请办理变更登记。

## 第二章 普通合伙企业

### 第一节 合伙企业设立

**第十四条** 设立合伙企业,应当具备下列条件:

(一)有二个以上合伙人。合伙人为自然人的,应当具

有完全民事行为能力;

(二) 有书面合伙协议;

(三) 有合伙人认缴或者实际缴付的出资;

(四) 有合伙企业的名称和生产经营场所;

(五) 法律、行政法规规定的其他条件。

**第十五条** 合伙企业名称中应当标明"普通合伙"字样。

**第十六条** 合伙人可以用货币、实物、知识产权、土地使用权或者其他财产权利出资,也可以用劳务出资。

合伙人以实物、知识产权、土地使用权或者其他财产权利出资,需要评估作价的,可以由全体合伙人协商确定,也可以由全体合伙人委托法定评估机构评估。

合伙人以劳务出资的,其评估办法由全体合伙人协商确定,并在合伙协议中载明。

**第十七条** 合伙人应当按照合伙协议约定的出资方式、数额和缴付期限,履行出资义务。

以非货币财产出资的,依照法律、行政法规的规定,需要办理财产权转移手续的,应当依法办理。

**第十八条** 合伙协议应当载明下列事项:

(一) 合伙企业的名称和主要经营场所的地点;

(二) 合伙目的和合伙经营范围;

(三) 合伙人的姓名或者名称、住所;

(四) 合伙人的出资方式、数额和缴付期限;

(五) 利润分配、亏损分担方式;

（六）合伙事务的执行；

（七）入伙与退伙；

（八）争议解决办法；

（九）合伙企业的解散与清算；

（十）违约责任。

**第十九条** 合伙协议经全体合伙人签名、盖章后生效。合伙人按照合伙协议享有权利，履行义务。

修改或者补充合伙协议，应当经全体合伙人一致同意；但是，合伙协议另有约定的除外。

合伙协议未约定或者约定不明确的事项，由合伙人协商决定；协商不成的，依照本法和其他有关法律、行政法规的规定处理。

### 第二节 合伙企业财产

**第二十条** 合伙人的出资、以合伙企业名义取得的收益和依法取得的其他财产，均为合伙企业的财产。

**第二十一条** 合伙人在合伙企业清算前，不得请求分割合伙企业的财产；但是，本法另有规定的除外。

合伙人在合伙企业清算前私自转移或者处分合伙企业财产的，合伙企业不得以此对抗善意第三人。

**第二十二条** 除合伙协议另有约定外，合伙人向合伙人以外的人转让其在合伙企业中的全部或者部分财产份额时，须经其他合伙人一致同意。

合伙人之间转让在合伙企业中的全部或者部分财产份额时，应当通知其他合伙人。

第二十三条　合伙人向合伙人以外的人转让其在合伙企业中的财产份额的，在同等条件下，其他合伙人有优先购买权；但是，合伙协议另有约定的除外。

第二十四条　合伙人以外的人依法受让合伙人在合伙企业中的财产份额的，经修改合伙协议即成为合伙企业的合伙人，依照本法和修改后的合伙协议享有权利，履行义务。

第二十五条　合伙人以其在合伙企业中的财产份额出质的，须经其他合伙人一致同意；未经其他合伙人一致同意，其行为无效，由此给善意第三人造成损失的，由行为人依法承担赔偿责任。

### 第三节　合伙事务执行

第二十六条　合伙人对执行合伙事务享有同等的权利。

按照合伙协议的约定或者经全体合伙人决定，可以委托一个或者数个合伙人对外代表合伙企业，执行合伙事务。

作为合伙人的法人、其他组织执行合伙事务的，由其委派的代表执行。

第二十七条　依照本法第二十六条第二款规定委托一个或者数个合伙人执行合伙事务的，其他合伙人不再执行合伙事务。

不执行合伙事务的合伙人有权监督执行事务合伙人执行合伙事务的情况。

第二十八条　由一个或者数个合伙人执行合伙事务的，执行事务合伙人应当定期向其他合伙人报告事务执行情况以及合伙企业的经营和财务状况，其执行合伙事务所产生的收益归合伙企业，所产生的费用和亏损由合伙企业承担。

合伙人为了解合伙企业的经营状况和财务状况，有权查阅合伙企业会计账簿等财务资料。

**第二十九条** 合伙人分别执行合伙事务的，执行事务合伙人可以对其他合伙人执行的事务提出异议。提出异议时，应当暂停该项事务的执行。如果发生争议，依照本法第三十条规定作出决定。

受委托执行合伙事务的合伙人不按照合伙协议或者全体合伙人的决定执行事务的，其他合伙人可以决定撤销该委托。

**第三十条** 合伙人对合伙企业有关事项作出决议，按照合伙协议约定的表决办法办理。合伙协议未约定或者约定不明确的，实行合伙人一人一票并经全体合伙人过半数通过的表决办法。

本法对合伙企业的表决办法另有规定的，从其规定。

**第三十一条** 除合伙协议另有约定外，合伙企业的下列事项应当经全体合伙人一致同意：

（一）改变合伙企业的名称；

（二）改变合伙企业的经营范围、主要经营场所的地点；

（三）处分合伙企业的不动产；

（四）转让或者处分合伙企业的知识产权和其他财产权利；

（五）以合伙企业名义为他人提供担保；

（六）聘任合伙人以外的人担任合伙企业的经营管理人员。

第三十二条　合伙人不得自营或者同他人合作经营与本合伙企业相竞争的业务。

除合伙协议另有约定或者经全体合伙人一致同意外，合伙人不得同本合伙企业进行交易。

合伙人不得从事损害本合伙企业利益的活动。

第三十三条　合伙企业的利润分配、亏损分担，按照合伙协议的约定办理；合伙协议未约定或者约定不明确的，由合伙人协商决定；协商不成的，由合伙人按照实缴出资比例分配、分担；无法确定出资比例的，由合伙人平均分配、分担。

合伙协议不得约定将全部利润分配给部分合伙人或者由部分合伙人承担全部亏损。

第三十四条　合伙人按照合伙协议的约定或者经全体合伙人决定，可以增加或者减少对合伙企业的出资。

第三十五条　被聘任的合伙企业的经营管理人员应当在合伙企业授权范围内履行职务。

被聘任的合伙企业的经营管理人员，超越合伙企业授权范围履行职务，或者在履行职务过程中因故意或者重大过失给合伙企业造成损失的，依法承担赔偿责任。

第三十六条　合伙企业应当依照法律、行政法规的规定建立企业财务、会计制度。

### 第四节 合伙企业与第三人关系

**第三十七条** 合伙企业对合伙人执行合伙事务以及对外代表合伙企业权利的限制，不得对抗善意第三人。

**第三十八条** 合伙企业对其债务，应先以其全部财产进行清偿。

**第三十九条** 合伙企业不能清偿到期债务的，合伙人承担无限连带责任。

**第四十条** 合伙人由于承担无限连带责任，清偿数额超过本法第三十三条第一款规定的其亏损分担比例的，有权向其他合伙人追偿。

**第四十一条** 合伙人发生与合伙企业无关的债务，相关债权人不得以其债权抵销其对合伙企业的债务；也不得代位行使合伙人在合伙企业中的权利。

**第四十二条** 合伙人的自有财产不足清偿其与合伙企业无关的债务的，该合伙人可以以其从合伙企业中分取的收益用于清偿；债权人也可以依法请求人民法院强制执行该合伙人在合伙企业中的财产份额用于清偿。

人民法院强制执行合伙人的财产份额时，应当通知全体合伙人，其他合伙人有优先购买权；其他合伙人未购买，又不同意将该财产份额转让给他人的，依照本法第五十一条的规定为该合伙人办理退伙结算，或者办理削减该合伙人相应财产份额的结算。

### 第五节 入伙、退伙

**第四十三条** 新合伙人入伙，除合伙协议另有约定外，应当经全体合伙人一致同意,并依法订立书面入伙协议。

订立入伙协议时,原合伙人应当向新合伙人如实告知原合伙企业的经营状况和财务状况。

**第四十四条** 入伙的新合伙人与原合伙人享有同等权利,承担同等责任。入伙协议另有约定的,从其约定。

新合伙人对入伙前合伙企业的债务承担无限连带责任。

**第四十五条** 合伙协议约定合伙期限的,在合伙企业存续期间,有下列情形之一的,合伙人可以退伙:

(一)合伙协议约定的退伙事由出现;

(二)经全体合伙人一致同意;

(三)发生合伙人难以继续参加合伙的事由;

(四)其他合伙人严重违反合伙协议约定的义务。

**第四十六条** 合伙协议未约定合伙期限的,合伙人在不给合伙企业事务执行造成不利影响的情况下,可以退伙,但应当提前三十日通知其他合伙人。

**第四十七条** 合伙人违反本法第四十五条、第四十六条的规定退伙的,应当赔偿由此给合伙企业造成的损失。

**第四十八条** 合伙人有下列情形之一的,当然退伙:

(一)作为合伙人的自然人死亡或者被依法宣告死亡;

(二)个人丧失偿债能力;

(三)作为合伙人的法人或者其他组织依法被吊销营业执照、责令关闭、撤销,或者被宣告破产;

(四)法律规定或者合伙协议约定合伙人必须具有相关资格而丧失该资格;

（五）合伙人在合伙企业中的全部财产份额被人民法院强制执行。

合伙人被依法认定为无民事行为能力人或者限制民事行为能力人的，经其他合伙人一致同意，可以依法转为有限合伙人，普通合伙企业依法转为有限合伙企业。其他合伙人未能一致同意的，该无民事行为能力或者限制民事行为能力的合伙人退伙。

退伙事由实际发生之日为退伙生效日。

**第四十九条** 合伙人有下列情形之一的，经其他合伙人一致同意，可以决议将其除名：

（一）未履行出资义务；

（二）因故意或者重大过失给合伙企业造成损失；

（三）执行合伙事务时有不正当行为；

（四）发生合伙协议约定的事由。

对合伙人的除名决议应当书面通知被除名人。被除名人接到除名通知之日，除名生效，被除名人退伙。

被除名人对除名决议有异议的，可以自接到除名通知之日起三十日内，向人民法院起诉。

**第五十条** 合伙人死亡或者被依法宣告死亡的，对该合伙人在合伙企业中的财产份额享有合法继承权的继承人，按照合伙协议的约定或者经全体合伙人一致同意，从继承开始之日起，取得该合伙企业的合伙人资格。

有下列情形之一的，合伙企业应当向合伙人的继承人退还被继承合伙人的财产份额：

（一）继承人不愿意成为合伙人；

（二）法律规定或者合伙协议约定合伙人必须具有相关资格，而该继承人未取得该资格；

（三）合伙协议约定不能成为合伙人的其他情形。

合伙人的继承人为无民事行为能力人或者限制民事行为能力人的，经全体合伙人一致同意，可以依法成为有限合伙人，普通合伙企业依法转为有限合伙企业。全体合伙人未能一致同意的，合伙企业应当将被继承合伙人的财产份额退还该继承人。

**第五十一条** 合伙人退伙，其他合伙人应当与该退伙人按照退伙时的合伙企业财产状况进行结算，退还退伙人的财产份额。退伙人对给合伙企业造成的损失负有赔偿责任的，相应扣减其应当赔偿的数额。

退伙时有未了结的合伙企业事务的，待该事务了结后进行结算。

**第五十二条** 退伙人在合伙企业中财产份额的退还办法，由合伙协议约定或者由全体合伙人决定，可以退还货币，也可以退还实物。

**第五十三条** 退伙人对基于其退伙前的原因发生的合伙企业债务，承担无限连带责任。

**第五十四条** 合伙人退伙时，合伙企业财产少于合伙企业债务的，退伙人应当依照本法第三十三条第一款的规定分担亏损。

## 第六节　特殊的普通合伙企业

**第五十五条**　以专业知识和专门技能为客户提供有偿服务的专业服务机构，可以设立为特殊的普通合伙企业。

特殊的普通合伙企业是指合伙人依照本法第五十七条的规定承担责任的普通合伙企业。

特殊的普通合伙企业适用本节规定；本节未作规定的，适用本章第一节至第五节的规定。

**第五十六条**　特殊的普通合伙企业名称中应当标明"特殊普通合伙"字样。

**第五十七条**　一个合伙人或者数个合伙人在执业活动中因故意或者重大过失造成合伙企业债务的，应当承担无限责任或者无限连带责任，其他合伙人以其在合伙企业中的财产份额为限承担责任。

合伙人在执业活动中非因故意或者重大过失造成的合伙企业债务以及合伙企业的其他债务，由全体合伙人承担无限连带责任。

**第五十八条**　合伙人执业活动中因故意或者重大过失造成的合伙企业债务，以合伙企业财产对外承担责任后，该合伙人应当按照合伙协议的约定对给合伙企业造成的损失承担赔偿责任。

**第五十九条**　特殊的普通合伙企业应当建立执业风险基金、办理职业保险。

执业风险基金用于偿付合伙人执业活动造成的债务。执业风险基金应当单独立户管理。具体管理办法由国务院规定。

## 第三章　有限合伙企业

**第六十条**　有限合伙企业及其合伙人适用本章规定；本章未作规定的，适用本法第二章第一节至第五节关于普通合伙企业及其合伙人的规定。

**第六十一条**　有限合伙企业由二个以上五十个以下合伙人设立；但是，法律另有规定的除外。

有限合伙企业至少应当有一个普通合伙人。

**第六十二条**　有限合伙企业名称中应当标明"有限合伙"字样。

**第六十三条**　合伙协议除符合本法第十八条的规定外，还应当载明下列事项：

（一）普通合伙人和有限合伙人的姓名或者名称、住所；

（二）执行事务合伙人应具备的条件和选择程序；

（三）执行事务合伙人权限与违约处理办法；

（四）执行事务合伙人的除名条件和更换程序；

（五）有限合伙人入伙、退伙的条件、程序以及相关责任；

（六）有限合伙人和普通合伙人相互转变程序。

**第六十四条**　有限合伙人可以用货币、实物、知识产权、土地使用权或者其他财产权利作价出资。

有限合伙人不得以劳务出资。

**第六十五条**　有限合伙人应当按照合伙协议的约定按

期足额缴纳出资；未按期足额缴纳的，应当承担补缴义务，并对其他合伙人承担违约责任。

第六十六条　有限合伙企业登记事项中应当载明有限合伙人的姓名或者名称及认缴的出资数额。

第六十七条　有限合伙企业由普通合伙人执行合伙事务。执行事务合伙人可以要求在合伙协议中确定执行事务的报酬及报酬提取方式。

第六十八条　有限合伙人不执行合伙事务，不得对外代表有限合伙企业。

有限合伙人的下列行为，不视为执行合伙事务：

（一）参与决定普通合伙人入伙、退伙；

（二）对企业的经营管理提出建议；

（三）参与选择承办有限合伙企业审计业务的会计师事务所；

（四）获取经审计的有限合伙企业财务会计报告；

（五）对涉及自身利益的情况，查阅有限合伙企业财务会计账簿等财务资料；

（六）在有限合伙企业中的利益受到侵害时，向有责任的合伙人主张权利或者提起诉讼；

（七）执行事务合伙人怠于行使权利时，督促其行使权利或者为了本企业的利益以自己的名义提起诉讼；

（八）依法为本企业提供担保。

第六十九条　有限合伙企业不得将全部利润分配给部分合伙人；但是，合伙协议另有约定的除外。

第七十条  有限合伙人可以同本有限合伙企业进行交易；但是，合伙协议另有约定的除外。

第七十一条  有限合伙人可以自营或者同他人合作经营与本有限合伙企业相竞争的业务；但是，合伙协议另有约定的除外。

第七十二条  有限合伙人可以将其在有限合伙企业中的财产份额出质；但是，合伙协议另有约定的除外。

第七十三条  有限合伙人可以按照合伙协议的约定向合伙人以外的人转让其在有限合伙企业中的财产份额，但应当提前三十日通知其他合伙人。

第七十四条  有限合伙人的自有财产不足清偿其与合伙企业无关的债务的，该合伙人可以以其从有限合伙企业中分取的收益用于清偿；债权人也可以依法请求人民法院强制执行该合伙人在有限合伙企业中的财产份额用于清偿。

人民法院强制执行有限合伙人的财产份额时，应当通知全体合伙人。在同等条件下，其他合伙人有优先购买权。

第七十五条  有限合伙企业仅剩有限合伙人的，应当解散；有限合伙企业仅剩普通合伙人的，转为普通合伙企业。

第七十六条  第三人有理由相信有限合伙人为普通合伙人并与其交易的，该有限合伙人对该笔交易承担与普通合伙人同样的责任。

有限合伙人未经授权以有限合伙企业名义与他人进行交易，给有限合伙企业或者其他合伙人造成损失的，该有限合伙人应当承担赔偿责任。

第七十七条 新入伙的有限合伙人对入伙前有限合伙企业的债务，以其认缴的出资额为限承担责任。

第七十八条 有限合伙人有本法第四十八条第一款第一项、第三项至第五项所列情形之一的，当然退伙。

第七十九条 作为有限合伙人的自然人在有限合伙企业存续期间丧失民事行为能力的，其他合伙人不得因此要求其退伙。

第八十条 作为有限合伙人的自然人死亡、被依法宣告死亡或者作为有限合伙人的法人及其他组织终止时，其继承人或者权利承受人可以依法取得该有限合伙人在有限合伙企业中的资格。

第八十一条 有限合伙人退伙后，对基于其退伙前的原因发生的有限合伙企业债务，以其退伙时从有限合伙企业中取回的财产承担责任。

第八十二条 除合伙协议另有约定外，普通合伙人转变为有限合伙人，或者有限合伙人转变为普通合伙人，应当经全体合伙人一致同意。

第八十三条 有限合伙人转变为普通合伙人的，对其作为有限合伙人期间有限合伙企业发生的债务承担无限连带责任。

第八十四条 普通合伙人转变为有限合伙人的，对其作为普通合伙人期间合伙企业发生的债务承担无限连带责任。

## 第四章　合伙企业解散、清算

**第八十五条**　合伙企业有下列情形之一的，应当解散：

（一）合伙期限届满，合伙人决定不再经营；

（二）合伙协议约定的解散事由出现；

（三）全体合伙人决定解散；

（四）合伙人已不具备法定人数满三十天；

（五）合伙协议约定的合伙目的已经实现或者无法实现；

（六）依法被吊销营业执照、责令关闭或者被撤销；

（七）法律、行政法规规定的其他原因。

**第八十六条**　合伙企业解散，应当由清算人进行清算。

清算人由全体合伙人担任；经全体合伙人过半数同意，可以自合伙企业解散事由出现后十五日内指定一个或者数个合伙人，或者委托第三人，担任清算人。

自合伙企业解散事由出现之日起十五日内未确定清算人的，合伙人或者其他利害关系人可以申请人民法院指定清算人。

**第八十七条**　清算人在清算期间执行下列事务：

（一）清理合伙企业财产，分别编制资产负债表和财产清单；

（二）处理与清算有关的合伙企业未了结事务；

（三）清缴所欠税款；

（四）清理债权、债务；

（五）处理合伙企业清偿债务后的剩余财产；

（六）代表合伙企业参加诉讼或者仲裁活动。

第八十八条　清算人自被确定之日起十日内将合伙企业解散事项通知债权人，并于六十日内在报纸上公告。债权人应当自接到通知书之日起三十日内，未接到通知书的自公告之日起四十五日内，向清算人申报债权。

债权人申报债权，应当说明债权的有关事项，并提供证明材料。清算人应当对债权进行登记。

清算期间，合伙企业存续，但不得开展与清算无关的经营活动。

第八十九条　合伙企业财产在支付清算费用和职工工资、社会保险费用、法定补偿金以及缴纳所欠税款、清偿债务后的剩余财产，依照本法第三十三条第一款的规定进行分配。

第九十条　清算结束，清算人应当编制清算报告，经全体合伙人签名、盖章后，在十五日内向企业登记机关报送清算报告，申请办理合伙企业注销登记。

第九十一条　合伙企业注销后，原普通合伙人对合伙企业存续期间的债务仍应承担无限连带责任。

第九十二条　合伙企业不能清偿到期债务的，债权人可以依法向人民法院提出破产清算申请，也可以要求普通合伙人清偿。

合伙企业依法被宣告破产的，普通合伙人对合伙企业债务仍应承担无限连带责任。

## 第五章 法律责任

**第九十三条** 违反本法规定，提交虚假文件或者采取其他欺骗手段，取得合伙企业登记的，由企业登记机关责令改正，处以五千元以上五万元以下的罚款；情节严重的，撤销企业登记，并处以五万元以上二十万元以下的罚款。

**第九十四条** 违反本法规定，合伙企业未在其名称中标明"普通合伙"、"特殊普通合伙"或者"有限合伙"字样的，由企业登记机关责令限期改正，处以二千元以上一万元以下的罚款。

**第九十五条** 违反本法规定，未领取营业执照，而以合伙企业或者合伙企业分支机构名义从事合伙业务的，由企业登记机关责令停止，处以五千元以上五万元以下的罚款。

合伙企业登记事项发生变更时，未依照本法规定办理变更登记的，由企业登记机关责令限期登记；逾期不登记的，处以二千元以上二万元以下的罚款。

合伙企业登记事项发生变更，执行合伙事务的合伙人未按期申请办理变更登记的，应当赔偿由此给合伙企业、其他合伙人或者善意第三人造成的损失。

**第九十六条** 合伙人执行合伙事务，或者合伙企业从业人员利用职务上的便利，将应当归合伙企业的利益据为己有的，或者采取其他手段侵占合伙企业财产的，应当将该利益和财产退还合伙企业；给合伙企业或者其他合伙人造成损失的,依法承担赔偿责任。

**第九十七条** 合伙人对本法规定或者合伙协议约定必须经全体合伙人一致同意始得执行的事务擅自处理,给合伙企业或者其他合伙人造成损失的,依法承担赔偿责任。

**第九十八条** 不具有事务执行权的合伙人擅自执行合伙事务,给合伙企业或者其他合伙人造成损失的,依法承担赔偿责任。

**第九十九条** 合伙人违反本法规定或者合伙协议的约定,从事与本合伙企业相竞争的业务或者与本合伙企业进行交易的,该收益归合伙企业所有;给合伙企业或者其他合伙人造成损失的,依法承担赔偿责任。

**第一百条** 清算人未依照本法规定向企业登记机关报送清算报告,或者报送清算报告隐瞒重要事实,或者有重大遗漏的,由企业登记机关责令改正。由此产生的费用和损失,由清算人承担和赔偿。

**第一百零一条** 清算人执行清算事务,牟取非法收入或者侵占合伙企业财产的,应当将该收入和侵占的财产退还合伙企业;给合伙企业或者其他合伙人造成损失的,依法承担赔偿责任。

**第一百零二条** 清算人违反本法规定,隐匿、转移合伙企业财产,对资产负债表或者财产清单作虚假记载,或者在未清偿债务前分配财产,损害债权人利益的,依法承担赔偿责任。

**第一百零三条** 合伙人违反合伙协议的,应当依法承担违约责任。

合伙人履行合伙协议发生争议的,合伙人可以通过协商或者调解解决。不愿通过协商、调解解决或者协商、调解不成的,可以按照合伙协议约定的仲裁条款或者事后达成的书面仲裁协议,向仲裁机构申请仲裁。合伙协议中未订立仲裁条款,事后又没有达成书面仲裁协议的,可以向人民法院起诉。

第一百零四条 有关行政管理机关的工作人员违反本法规定,滥用职权、徇私舞弊、收受贿赂、侵害合伙企业合法权益的,依法给予行政处分。

第一百零五条 违反本法规定,构成犯罪的,依法追究刑事责任。

第一百零六条 违反本法规定,应当承担民事赔偿责任和缴纳罚款、罚金,其财产不足以同时支付的,先承担民事赔偿责任。

## 第六章 附 则

第一百零七条 非企业专业服务机构依据有关法律采取合伙制的,其合伙人承担责任的形式可以适用本法关于特殊的普通合伙企业合伙人承担责任的规定。

第一百零八条 外国企业或者个人在中国境内设立合伙企业的管理办法由国务院规定。

第一百零九条 本法自2007年6月1日起施行。

# 参考文献

[1]《中华人民共和国公司法》(2005年10月27日修订,2006年1月1日起实施)。

[2]《中华人民共和国合伙企业法》(2006年8月27日修订,2007年6月1日起施行)。

[3] 李建良:《论公司法对创业投资合同条款设计的制约》,北京信息科技大学经济管理学院内部讨论稿,2012。

[4] 甘肃省高级人民法院民事判决书(〔2011〕甘民二终字第96号)。

[5] 胡晓珂:《风险投资领域"对赌协议"的可执行性研究》,《证券市场导报》2011年第9期。

[6] 徐程程:《FOF监管法律问题研究》,华东政法大学硕士学位论文,2011。

[7] 赵飞:《对赌协议法律问题研究——以创业投资为视角》,复旦大学硕士学位论文,2010。

[8] 尹亮:《商业银行与私募股权投资基金合作中的法律风险及对策》,《经济研究导刊》2012年第9期。

[9] 刘向东、陈奕文:《私募股权投资法律风险的分析与控制》,《天津法学》2012年第1期。

[10] 魏炜:《私募股权投资基金监管法律制度研究》,厦门大学硕士学位论文,2009。

[11] 郭龙飞:《私募股权投资中"对赌协议"的法律分析》,华东政法大学硕士学位论文,2010。

图书在版编目（CIP）数据

创业投资基金的法律规制/李建良著.--北京：社会科学文献出版社，2016.8
（创业投资引导基金运作丛书）
ISBN 978－7－5097－9631－3

Ⅰ.①创… Ⅱ.①李… Ⅲ.①创业投资基金－法律－研究－中国 Ⅳ.①D922.287.4

中国版本图书馆 CIP 数据核字（2016）第 205478 号

·创业投资引导基金运作丛书·
## 创业投资基金的法律规制

著　　者／李建良

出 版 人／谢寿光
项目统筹／恽　薇　冯咏梅
责任编辑／冯咏梅

出　　版／社会科学文献出版社·经济与管理出版分社（010）59367226
　　　　　地址：北京市北三环中路甲29号院华龙大厦　邮编：100029
　　　　　网址：www.ssap.com.cn
发　　行／市场营销中心（010）59367081　59367018
印　　装／三河市尚艺印装有限公司
规　　格／开　本：787mm×1092mm　1/16
　　　　　印　张：11.5　字　数：113千字
版　　次／2016年8月第1版　2016年8月第1次印刷
书　　号／ISBN 978－7－5097－9631－3
定　　价／59.00元

本书如有印装质量问题，请与读者服务中心（010－59367028）联系

▲ 版权所有 翻印必究